# de crianças a alunos

A transição da Educação Infantil
para o Ensino Fundamental

EDITORA AFILIADA

*Coordenador Editorial de Educação*:
Marcos Cezar de Freitas

*Conselho Editorial de Educação*:
José Cerchi Fusari
Marcos Antonio Lorieri
Marli André
Pedro Goergen
Terezinha Azerêdo Rios
Valdemar Sguissardi
Vitor Henrique Paro

**Dados Internacionais de Catalogação na Publicação (CIP)**
**(Câmara Brasileira do Livro, SP, Brasil)**

Motta, Flávia Miller Naethe
De crianças a alunos : a transição da educação infantil para o ensino fundamental / Flávia Miller Naethe Motta. -- São Paulo : Cortez, 2013.

Bibliografia.
ISBN 978-85-249-2135-3

1. Crianças e alunos 2. Cultura escolar 3. Infância 4. Psicologia escolar 5. Psicologia sociocultural 6. Sujeito (Psicologia) 7. Transição da educação infantil para o ensino fundamental I. Título.

13-10268        CDD-370.15

**Índices para catálogo sistemático:**

1. Transição da educação infantil para o ensino fundamental :
Psicologia escolar : Educação   370.15

Flávia Miller Naethe Motta

# de crianças a alunos

## A transição da Educação Infantil para o Ensino Fundamental

1ª edição
6ª reimpressão

DE CRIANÇAS A ALUNOS: A transição da Educação Infantil para o Ensino Fundamental
Flávia Miller Naethe Motta

*Capa*: de Sign Arte Visual
*Preparação de originais*: Lucimara Carvalho
*Revisão*: Maria de Lourdes de Almeida
*Composição*: Linea Editora Ltda.
*Coordenação editorial*: Danilo A. Q. Morales

Nenhuma parte desta obra pode ser reproduzida ou duplicada sem autorização expressa da autora e editor.

© 2013 by Autora

Direitos para esta edição
CORTEZ EDITORA
Rua Monte Alegre, 1074 – Perdizes
05014-001 – São Paulo – SP
Tel. (11) 3864 0111   Fax: (11) 3864 4290
E-mail: cortez@cortezeditora.com.br
www.cortezeditora.com.br

Impresso no Brasil – agosto de 2022

# Sumário

Prefácio .................................................................................. 7

1. A Escola Municipal Joaquim Silva: começando pelo campo............................................................................ 13
   Chegando a Três Rios........................................................... 15
   Dados gerais relativos à Educação Infantil no município....... 15
   Entrando na escola.............................................................. 21
   A Educação Infantil: a pesquisa no 3º período..................... 27
       *Uma prática pedagógica sedutora* ................................. 29
       *As interações com a pesquisadora* ................................ 32
       *Questões de poder e de gênero no 3º período*............. 36
   O primeiro dia de aula no 1º ano do Ensino Fundamental ... 49
   Mudando os rumos da pesquisa: preservando o essencial ... 59

2. Em busca da teoria: em que a dialética pode nos auxiliar?. 61
   Dialética: apropriações......................................................... 62
   Contribuições da psicologia sociocultural............................ 66
       *A dialética em Vigotski* ................................................... 67
       *A subjetividade segundo a psicologia sociocultural*....... 70

Bakhtin: interações e diálogos na construção discursiva...... 76

*A dialogicidade e a construção da pesquisa*................... 77

*O sujeito bakhtiniano e a alteridade* ............................. 81

Entrelaçando os discursos: um diálogo em torno
da ideia de subjetividade ...................................................... 83

A forma escolar: o processo e sua gênese........................ 88

**3.** Entrecruzando planos de análise: em busca das
tensões que desvelam a empiria............................................. 97

Foucault e Certeau: uma analítica da disciplina
e da resistência ...................................................................... 99

Culturas infantis e cultura escolar ....................................... 105

*Infância e cultura: as culturas infantis como
recriação do mundo*........................................................ 106

*A cultura escolar como um texto* ................................... 111

*Sacristán: o currículo como dispositivo de poder
e a invenção do aluno* ...................................................... 115

**4.** Entretecendo os textos a partir do contexto.......................... 121

A ação das crianças: expressão das culturas de pares........ 123

Os corpos como elementos da fabricação de alunos ......... 127

A disciplina em exercício: exames e sanções ..................... 133

Desvelando alguns aspectos de estar escolarizado............ 138

Crianças e alunos: o cotidiano e as táticas de resistência...... 149

Sobre transições e rupturas................................................. 161

Considerações Finais ......................................................... 169

Referências ...................................................................... 179

# Prefácio

*Eu tenho um ermo enorme dentro do olho.*
*Por motivo do ermo não fui um menino peralta.*
*Agora tenho saudade do que não fui.*
*Acho que o que faço agora é o que não pude fazer na infância.*
*Faço outro tipo de peraltagem.*

Manoel de Barros

Este livro foi escrito a partir de uma tese de doutorado que apresentei ao Departamento de Educação da PUC-Rio (Pontifícia Universidade Católica do Rio de Janeiro) em 2010 e é resultado de um percurso construído como psicóloga escolar com atuação na Educação Infantil e como pesquisadora em busca de refletir sobre as ações da própria prática.

A passagem das crianças no Ensino Fundamental não era a questão inicial da pesquisa. Ela aconteceu meio por acaso, quando, entre tantas escolhas possíveis, definimos uma, por critérios que nos pareceram mais legítimos cientificamente e que terminaram por nos levar a lugares absolutamente inesperados.

Foi assim com esta pesquisa, e é esse o relato que trago aqui. Porém, como toda história, esta tem seus motivos e desdobramentos, que a remetem ao seu contexto, o seu sentido inicial, o sentido do autor, ponto de partida para os diálogos possíveis com cada leitor que assim o desejar.

Trabalhei durante catorze anos com Psicologia Escolar em um percurso que conduziu à Educação Infantil. Incomodava-me uma prática recorrente na escola: a de perguntar aquilo cuja resposta já se sabe e esperar exatamente uma dada palavra (se possível em coro de várias crianças). *"A cor da parede é? Ama..."* ao que elas respondiam *"... rela!"*. Confesso ter tido dificuldades em entender a função comunicativa desse "diálogo" e, logo, perguntas sobre o que se falava na Educação Infantil atraíram meu interesse. A roda de conversa foi tema da primeira pesquisa.

Sossegadas, um pouco, as angústias quanto aos diálogos entre as crianças e os adultos, pois que as pesquisas e os estudos dificilmente as eliminam, outros aspectos se apresentaram como relevantes.

Como o leitor há de supor, psicólogas escolares conversam, escutam, acolhem todos os atores que circulam pela instituição, e uma das temáticas mais recorrentes dizia respeito à dificuldade dos pais em estabelecer limites para seus filhos. Eles pareciam perdidos na ação disciplinar. Nasceu assim outra pesquisa acadêmica que tinha por objetivo investigar o que expressavam as crianças sobre a autoridade dos adultos, tanto no ambiente familiar, quanto no escolar. Parti da suposição de que o papel de autoridade do professor da Educação Infantil era exercido de forma mais plena, trazendo para a escola uma responsabilidade antes diluída pelas instâncias por onde a criança circulava: a da construção de modelos de identificação. Atribui esse papel aos professores diante da constatação da diferença de comportamento das crianças no cumprimento das regras sociais quando estavam no grupo da escola ou em contextos variados, tais como festas de aniversário, espaços de lazer etc., acompanhadas dos pais. Essa reflexão foi articulada à contemporaneidade e às suas demandas como um elemento profundamente modificador das relações das pessoas entre si e consigo mesmas.

Vários desdobramentos se colocaram como possíveis a partir das perguntas formuladas. Entretanto, a escuta mais rigorosa da fala das crianças evidenciou que há muito a ser explorado na pesquisa de suas culturas. A forma como se apropriam dos valores da sociedade diz muito sobre as gerações envolvidas com essa moral, construindo em conjunto — com maior ou menor autoridade e responsabilidade — a ética que vai se consolidar para essas pessoas de pouca idade.

As pesquisas nos afetam em vários níveis, e mudei-me para a cidade de Três Rios,[1] no estado do Rio de Janeiro, onde pretendi, além de realizar os estudos do doutorado, exercer de maneira mais plena o papel de adulto junto às minhas próprias crianças. Assim, estruturavam-se as ideias para o doutorado: a pretensão era fazer uma análise das relações de poder travadas no interior das brincadeiras — as estratégias de negociação, a escolha/definição dos papéis encenados, a concepção das regras que definem a condução das atividades — ou seja, que relação as práticas de poder e hierarquia internas à brincadeira estabelecem com a cultura mais ampla e o que fala da sociedade essa forma específica de inserção da cultura da infância.

Comecei a pesquisa logo no início do doutorado,[2] e das observações emergiram as questões que tomaram conta do estudo. A proposta de começar logo no campo pretendeu possibilitar um estudo longitudinal, que se estenderia por ao menos três anos, com uma perspectiva de inspiração etnográfica que permitiria a compreensão dos fenômenos observados pela ótica dos agentes envolvidos neles.

O texto que apresento a seguir traz os relatos e as reflexões de uma pesquisadora inserida numa turma de crianças dos cinco aos sete anos. A pesquisa teve início em agosto de 2007 e se deu de maneira intensiva, através de uma ida semanal, com quatro horas de duração (interrompida no período de férias) até maio de 2008. A partir daí, visando estabelecer um distanciamento crítico, o acompanhamento do grupo

---

1. Características do município de Três Rios serão apresentadas no Capítulo 1.

2. A pesquisa estava integrada ao projeto maior do grupo de pesquisa INFOC — Infância, formação e cultura da PUC-RJ, sob coordenação da professora Sonia Kramer com apoio do CNPq e da FAPERJ.

passou a ser feito no início de cada semestre letivo, tendo se estendido até 2009.

Desde o início, o campo desconstruiu muitas questões e revelou outras que acabaram se colocando como mais relevantes. Foi possível perceber uma diversidade nas ações dos meninos e das meninas. Suas relações seguiam lógicas próprias bastante marcadas pelas questões de gênero. Essa constatação levou à necessidade de estudos específicos nessa área, de forma que a diversidade pudesse ser contemplada na pesquisa. Nessa fase, entretanto, a pesquisa ainda se configurava como um trabalho especificamente do campo da sociologia da infância.

A passagem de ano e o ingresso das crianças no Ensino Fundamental foram extremamente mobilizadores para as crianças e para a pesquisadora. Transformaram as questões, os estudos, as pessoas. A escolarização se impôs aos sujeitos. A princípio, parecia impossível integrá-la à pesquisa.

O estudo pareceu tomar novo rumo: focar a escola, seus processos e sua ação assujeitadora das crianças ao papel de alunos. Aparentemente, as crianças, suas falas e brincadeiras deixaram de ser o alvo da atenção da pesquisadora. Entretanto, aqui se revelou um dos aspectos que diferenciaram este trabalho dos demais: em nenhum momento as ações das crianças foram colocadas em segundo plano. Observá-las, enquanto crianças e alunos tornou-se o *leitmotiv* da pesquisa; tratava-se, então, de entrar em sala de aula e perceber os agentes sociais em seus processos de transição.

Antes ainda de convidar o leitor a acompanhar essa história, cabe explicitar a concepção de infância que norteia este trabalho e que considera a criança como sujeito atuante na sociedade, que produz cultura e é nela produzida, que brinca, que aprende, que sente, que cria, cresce e se modifica, ao longo do processo histórico que constitui a vida humana (Kramer e Motta, 2010). Para apresentá-las, os capítulos seguintes estão estruturados da seguinte forma: o Capítulo 1 apresenta o município pesquisado, traz seus dados relativos à escolarização com ênfase nas informações relativas à Educação Infantil. O início da pesquisa e a entrada em campo compõem também esse capítulo e começam a ser analisados à luz das teorias escolhidas. Ao final, o primeiro dia de aula no Ensino Fundamental e seu impacto sobre as crianças e a pesquisadora justificam a opção por outras questões e definem os rumos da pesquisa.

Tal como numa construção, o Capítulo 2 representa as estruturas e fundamentos da obra. Propõe uma discussão essencialmente teórico-metodológica e explicita a perspectiva adotada para abordagem das questões. Vigotski e o método dialético e Bakhtin e seus estudos sobre a linguagem e a construção discursiva são os elementos que sustentam o constructo teórico desenvolvido. O conceito de subjetividade e a discussão sobre a gênese da forma escolar são as aplicações iniciais do pensamento dialético para o entendimento do processo de *transformação das crianças em alunos.*

O Capítulo 3 apresenta outro nível de análise teórica, o emboço e o reboco da obra, as tensões estabelecidas entre Foucault e Certeau na analítica da disciplina e da resistência e as culturas infantis e escolar em seus possíveis diálogos revestem e regularizam a superfície e a proteção da edificação. Para tal, as culturas infantis são vistas enquanto uma forma de recriação do mundo e a cultura escolar é tomada como um texto, no qual o currículo contribui como um dispositivo de construção da categoria social *aluno.*

Por fim, o Capítulo 4 fornece os elementos de acabamento da obra, suas cores, texturas, luzes, jardins e concreto. A ação das crianças como expressão da cultura de pares revela sua ação permanente, mesmo quando se espera que estejam empenhadas no exercício de ser alunos. É vista também a ação sobre os corpos infantis conformando-os ao padrão desejado. Os exames e as sanções mostram a ação da disciplina em exercício. Em seguida, aspectos que caracterizam a escolarização — dentre os quais se destaca a função da leitura e da escrita — são apresentados como essenciais no processo descrito. O cotidiano, por sua vez, mostra que as crianças não são sujeitos passivos dessa ação: elas reagem e recriam os elementos que lhes são ofertados através das suas táticas de resistência. O capítulo termina com um debate sobre as transições e rupturas observadas na passagem da Educação Infantil ao Ensino Fundamental.

As considerações finais propõem uma discussão sobre a possibilidade de diálogos entre os dois segmentos da Educação Básica pesquisados, sugere questões para novas pesquisas e busca contribuir com reflexões para a ação concreta dos envolvidos — professores, gestores e instâncias políticas — em busca da qualidade desejada.

# 1
# A Escola Municipal Joaquim Silva:
## começando pelo campo[1]

As meninas estão todas ao nosso redor, à exceção de Paula. Carmen (a professora) pergunta a uma delas quem é essa moça que a trouxe para a escola. Carolina explica que é a prima; senta-se, começa a brincar com massa de modelar e diz que está fazendo carne de porco, mas que é uma carne diferente.
Carmen: "Eu gosto de diferente!" e pergunta: "Carolina quem faz essas tranças?"
Carolina: "Minha mãe".
Carmen: "Ela é caprichosa".
Giovana mostra as suas.
Carmen: "A sua mãe também faz cada penteado..." // Percebo que é, de fato, um elogio. //
Carolina pede potinhos a Carmen que vai ao banheiro// Há um grande cogumelo dentro de sala que descobri ser um banheiro// e os busca.
Júlia pede para ir beber água e chama Giovana. Carmen deixa. Carolina continua em nossa mesa brincando de massinha e diz que é farofa.
Carolina: "Será que vai estragar?".
Carmen: "É só colocar uma tampa e deixar na geladeira que a farofa não estraga".
// O tempo todo, Carmen transita entre fazer a sua colagem e interagir com as crianças. // (9/8/2007).[2]

---

1. Os nomes próprios foram alterados para preservar a identidade dos envolvidos.
2. Os relatos referentes à escola foram retirados do caderno de campo da pesquisadora.

Atravessar permanentemente a fronteira entre as lógicas infantil e adulta é uma das condições para que o diálogo entre adultos e crianças permita um real encontro das suas culturas.

Pode parecer pouco convencional apresentar uma pesquisa através de seu campo. Porém foi exatamente assim que ela teve início. Antes mesmo que as questões estivessem formuladas, lá estava eu, na escola. A inspiração etnográfica estabeleceu rumos para o que se produziu depois, mas, em nenhum momento se pretendeu um deslocamento deste estudo para o campo antropológico; tratou-se o tempo todo de uma pesquisa educacional.

De qualquer forma, foi pelo campo que tudo começou, e as perguntas foram se apresentando à medida que as observações avançavam. Inúmeras discussões no grupo de pesquisa buscavam clarear a opção metodológica que se configurava. As técnicas da etnografia foram extremamente úteis e se fizeram presentes nas descrições densas, no registro quase compulsivo e no papel do pesquisador como principal elemento de levantamento dos dados. Vale explicitar que, para efeito de análise, foi efetuado um esforço de transitar entre a teoria e a empiria em busca das categorias para compreensão das tensões que se apresentavam. Entretanto, este capítulo pretende levar o leitor à escola, apresentar as crianças e as professoras, os espaços e as práticas. Deixemos então a discussão metodológica um pouco mais para frente, refletindo o caminho percorrido pela própria autora.

Neste capítulo, trato do campo da pesquisa, buscando dar concretude aos seus agentes através das informações sobre seus contextos e realidades. O município de Três Rios é apresentado ao leitor, assim como as incursões iniciais da autora na escola durante o primeiro ano da pesquisa, momento no qual as crianças observadas encontravam-se no terceiro período da Educação Infantil, classe que agrupava crianças entre 5 e 6 anos de idade, e que antecedia, à época, a escolarização obrigatória.

## Chegando a Três Rios

O município de Três Rios localiza-se na região centro sul do estado do Rio de Janeiro e tem uma população de 72.848 mil habitantes, segundo o IBGE (2007). Em termos econômicos, caracterizava-se por atividades de indústria e comércio. Dispunha de três bibliotecas: duas municipais e uma do Serviço Social do Comércio — SESC. Havia ainda um cinema e um teatro.

A rede educacional de Três Rios conta com a Fundação de Apoio à Escola Técnica do Rio de Janeiro — FAETEC, que oferece atendimento no município em cursos concomitantes com o Ensino Médio e cursos de nível superior. A Universidade Federal Rural do Rio de Janeiro também tem um campus em construção na cidade, atuando provisoriamente em prédios alugados. A rede particular de Educação Superior é composta por duas universidades privadas.

Durante a execução da pesquisa, a Secretaria de Educação, as implementadoras de Educação Infantil, os diretores das unidades escolares e os professores contatados mostraram-se receptivos e acolhedores. Não houve dificuldades para o levantamento das informações. Não foram encontradas pesquisas relativas à Educação Infantil no município.

## Dados gerais relativos à Educação Infantil no município

O município de Três Rios expandiu o Ensino Fundamental para nove anos em 2006. A idade de corte para ingresso na série é estabelecida a partir de 31 de março. Não foi possível levantar dados oficiais sobre a população de 0 a 5 anos, porém, em entrevista, a coordenadora de Educação Infantil[3] relatou que, em termos percentuais, as crian-

---

3. A Secretaria de Educação dispunha de implementadoras para acompanhamento da Educação Infantil. Dentre elas, nossa entrevistada, que exercia a função de coordenadora informalmente.

ças de 0 a 3 anos atendidas equivalem a 5% da população dessa faixa etária, enquanto as de 4 a 5 anos são 40% das crianças nessa idade. O número de crianças atendidas na Educação Infantil em 2008 era de 2.392, sendo 121 em creches, 1.027 em escolas exclusivas de Educação Infantil e 1.244 em turmas de Educação Infantil em escolas de Ensino Fundamental.

Os dados do IBGE contemplam apenas a faixa pré-escolar, deixando as creches fora da contagem das matrículas. Tínhamos então:

**Tabela 1:** Distribuição de matrículas no pré-escolar

| Estabelecimentos | Matrículas |
|---|---|
| Ensino pré-escolar — Escola pública estadual | 139 |
| Ensino pré-escolar — Escola pública federal | 0 |
| Ensino pré-escolar — Escola pública municipal | 2.243 |
| Ensino pré-escolar — Escola pública privada | 421 |
| Ensino pré-escolar Total | 2.803 |

*Fonte*: IBGE, 2008

Apesar da nomenclatura semelhante à de outros municípios, as faixas etárias atendidas na Educação Infantil seguiam critérios específicos. Assim, nas duas creches do município, uma atendia crianças de 1 ano a 2 anos e 11 meses, enquanto a outra atendia crianças de 0 a 3 anos. Já as escolas exclusivas tinham crianças desde os 2 anos de idade até 6 anos. As turmas de Educação Infantil nas escolas de Ensino Fundamental, por sua vez, cobriam a faixa etária de 3 até 5 anos.

As informações referentes ao número de matrículas, incluindo as creches, docentes e estabelecimentos, foram obtidas recorrendo-se

DE CRIANÇAS A ALUNOS

aos dados do Inep, sistematizados no aplicativo Brasil Hoje,[4] fonte das demais informações gráficas deste capítulo e que permite levantar dados com base no ano de 2005. Quanto ao número de matrículas por etapa do ensino básico tínhamos então:

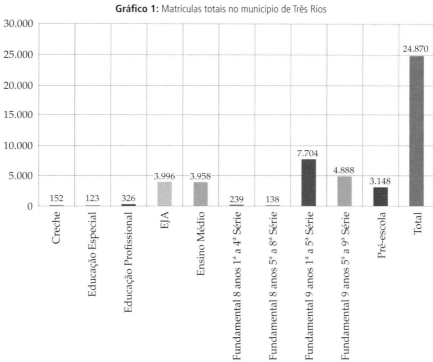

**Gráfico 1:** Matrículas totais no município de Três Rios

*Fonte:* Inep, 2005

Os estabelecimentos educacionais se distribuíam da seguinte forma:

---

4. O aplicativo Brasil Hoje se insere no programa *Melhoria da Educação no Município* que desenvolve ações voltadas à formação de gestores educacionais e é resultado de parceria entre a Fundação Itaú Social (FIS), o Unicef (Fundo das Nações Unidas para a Infância) e o Cenpec (Centro de Estudos e Pesquisas em Educação, Cultura e Ação Comunitária), contando com o apoio da Undime (União Nacional dos Dirigentes Municipais de Educação).

*Fonte*: Inep, 2005

Segundo a coordenadora de Educação Infantil do município, de uma maneira geral, a formação dos professores era a nível superior, embora o exigido seja o curso normal. Para os demais funcionários, era exigido o Ensino Fundamental completo.

O número de docentes em atividade no município e sua distribuição pelas etapas de ensino eram os seguintes:

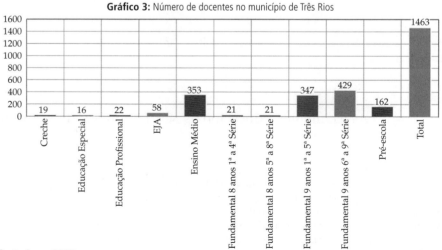

*Fonte*: Inep, 2005

DE CRIANÇAS A ALUNOS

Os dados populacionais disponíveis referiam-se à estimativa do IBGE de 2007, logo não permitiram o cálculo de um percentual exato de atendimento, porém possibilitaram uma aproximação que dá uma ideia geral em termos percentuais. Comparando os dados das diferentes fontes obtivemos a seguinte distribuição e cobertura de atendimento:

**Tabela 2:** Cobertura de atendimento

|  | População | Matrículas | % aproximado de cobertura |
|---|---|---|---|
| 0 — 3 anos | 5.276 | 152 | 2,9 |
| 4 — 5 anos | 2.766 | 3.148 | 113,8* |
| 0 — 5 anos | 8.402 | 3.300 | 39,3 |

*Fontes*: IBGE/DATASUS, 2007 e INEP, 2005

* O número de matrículas superior ao de crianças geralmente deve-se ao atendimento de crianças dos municípios limítrofes, tais como Levy Gasparian e Paraíba do Sul.

É interessante observar a distância entre as informações obtidas junto aos órgãos e institutos oficiais e aquela levantada junto à Coordenação de Educação Infantil, permitindo questionamentos sobre os dados que são considerados para a elaboração das políticas públicas do município. Há uma discrepância relevante entre o atendimento de 5% ou de 2,9% das crianças entre 0 e 3 anos, e surpreende que o atendimento na pré-escola já ultrapasse as fronteiras do município, como indica uma cobertura de 113,8% da população, enquanto, segundo a Secretaria esta seria apenas de 40%. O objetivo deste estudo não dizia respeito aos dados macro aqui observados, na verdade eles funcionaram para dimensionar a realidade pesquisada. Fica entretanto constatada a necessidade de um estudo que efetue o cruzamento dos dados oficiais de maneira a fornecer elementos que alimentem a gestão da educação no município.

Em termos de formação, a Secretaria de Educação programava atividades para formação em serviço dos profissionais de Educação

Infantil do município através de encontros bimestrais, visando à implementação da proposta pedagógica para Educação Infantil. Além disso, havia um subsídio financeiro mensal equivalente a 36% do salário mínimo da época entregue diretamente aos profissionais em formação, para apoio no custeio de pós-graduação. O mesmo incentivo era dado aos gestores e havia uma cobrança "informal" por cursos de gestão ou habilitação específica. A coordenadora de Educação Infantil relatou que não havia um planejamento específico para os encontros realizados, pois o município estava no início de um processo de discussão de uma proposta pedagógica para a Educação Infantil. Não existiam projetos específicos para a formação cultural dos professores e auxiliares.

Os documentos legais que regiam a formação dos profissionais de Educação Infantil eram: a Deliberação n° 001/2007 CME/TR e o Projeto de Revitalização Pedagógica para Educação Infantil. O material referente às creches ainda não tinha sido elaborado, o Currículo Mínimo da Rede Municipal de Ensino estava em reelaboração.

Não havia políticas de expansão da Educação Infantil, especificamente para as creches, entretanto, havia a previsão de aluguel de um imóvel para atender a cem crianças, além de duas outras creches, uma com verba já aprovada pelo município e outra prometida pela Câmara dos Vereadores. Também estava sendo construída uma escola de Ensino Fundamental que incluiria turmas de Educação Infantil.

As crianças de 6 anos, como dito antes, já estavam incluídas no Ensino Fundamental. O trabalho realizado com elas era a alfabetização, tal como feito anteriormente com as crianças de 7 anos. O município contava com um plano de carreira para os profissionais de educação. O critério de preenchimento de cargos para as várias funções de gestão — diretor, coordenador, supervisor — era a indicação política sem mandato, ou seja, prazo determinado para o período da gestão. Para as funções de gestão era exigida a formação superior.

Embora na Deliberação estivesse proposta a exigência de curso normal para o profissional de creche, no concurso público realizado em dezembro de 2007, foi pedida a formação de Ensino Fundamental completo. Já nas escolas de Educação Infantil a formação superior era uma exigência que foi observada no concurso. As contratações dos profissionais de educação foram feitas especificamente para creches, pré-escolas e escolas de Ensino Fundamental. Todas as creches do município são de responsabilidade da Secretaria de Educação.

## Entrando na escola

A Escola Municipal Joaquim Silva foi indicada pela Secretaria Municipal de Educação de Três Rios para realização da pesquisa. Nos dois anos iniciais da pesquisa, as observações eram realizadas semanalmente desde o horário de entrada até o de saída das crianças. O registro fotográfico adquiriu *status* de estratégia metodológica complementar na medida em que começou a revelar eventos que não tinham sido percebidos pela captação verbal da realidade; nesse ponto, a imagem se impôs e permitiu que buscássemos formas outras de olhar o campo e construir conhecimento sobre ele, pois, como afirmam Jobim e Souza e Lopes:

> com a fotografia iniciamos um longo caminho na construção de novos modos de escrita do mundo. Do mesmo modo que a escrita ortográfica revelou uma maneira mais sistemática e conceitual de tomarmos consciência da nossa cultura, a *fotografia* se constitui uma escrita atual do homem, mediada por tecnologia criadora de uma narrativa figurada. Além disso, podemos afirmar que as imagens constituem hoje as narrativas do mundo contemporâneo, trazendo novos elementos para buscarmos uma compreensão mais abrangente do próprio conceito de narrativa (2002, p. 62)

Uma vez fornecida a moldura na qual se situou a pesquisa, convido o leitor a entrar na escola e travar o primeiro contato com as crianças e os adultos que possibilitaram a sua realização:

> Cheguei à escola às 7h30min, dirigi-me à sala indicada pela moça da secretaria e, aparentemente, todos já tinham sido informados pela implementadora (pessoa ligada à Coordenadora de Educação Infantil do Município, que faz a ligação com as escolas) que eu chegaria. Fui levada à sala da professora Carmen que disse: "Ah, a estagiária!". Corrigi, dizendo que era a pesquisadora e ela não mais me chamou errado. A sala estava cheia de crianças brincando, era um espaço amplo, composto de mesas circulares e cadeiras ao seu redor, eram uns cinco conjuntos desses. Carmen ofereceu a sua mesa (igual a das crianças) para que eu colocasse meu material. Explicou-me a rotina e continuou colando um retângulo rosa numa folha branca.
>
> A turma era composta por 8 meninas e 21 meninos entre cinco e seis anos. Era denominada 3º período e antecedia a alfabetização. O regime de distribuição de alunos era seriado e não havia no município a aprovação automática (informações dadas pelas professoras). Sua rotina era a seguinte: 7h10min – Chegada dos alunos e brincadeiras livres (às vezes a turma era chamada para um café da manhã, mas não sempre).
>
> 8h – Roda de conversa – Verificação dos presentes e ausentes, conteúdo pedagógico a ser trabalhado.
>
> 8h20min – Realização de trabalho.
>
> 9h – Saída para um espaço externo e realização de brincadeiras orientadas. //Parecia haver a preocupação com um trabalho psicomotor.//
>
> 9h45min – Almoço.
>
> 10h15min – Parque.
>
> 11h – Saída das crianças.
>
> Enquanto Carmen me explicava tudo, perguntei se se incomodava que eu tomasse notas e ela disse que não. As meninas brincavam de massa de modelar numa mesa, e os meninos corriam e faziam algazarra. (9/8/2007).

Essa era a turma com a qual eu me relacionaria nos próximos anos. Busquei estar atenta às crianças para não correr o risco de que o movimento institucional as encobrisse. De uma maneira geral, nesse primeiro ano de observação foi possível identificar algumas questões relacionadas às culturas infantis, às relações de poder entre as crianças e à separação dos gêneros. Antes de abordar as perguntas levantadas, vejamos os dados gerais relativos às crianças do terceiro período.

# DE CRIANÇAS A ALUNOS

**Tabela 3:** Distribuição das crianças por cor e sexo declarados pelo responsável

| Cor/sexo | Meninos | Meninas | Total |
|----------|---------|---------|-------|
| Preto | 5 | 1 | 6 |
| Branco | 7 | 5 | 12 |
| Pardo | 7 | 7 | 14 |
| Amarelo | 0 | 0 | 0 |
| Indígena | 0 | 0 | 0 |
| Não declarada | 1 | 0 | 1 |
| Total | 20 | 13 | 33 |

*Fonte*: Secretaria Escolar da EM Joaquim Silva, 2007

Percebe-se na distribuição uma frequência maior de meninos e de crianças declaradas como pardas pelos responsáveis. Era comum que as meninas negras viessem para escola com penteados de tranças nagô ou rastafári. A tradição das tranças veio da África, onde elas eram bem mais do que simples adornos para a cabeça. A maneira de trançar os cabelos tinha vários significados: podia indicar *status* social e até sinalizar que a pessoa em questão estava interessada em se casar. No Brasil, as tranças estão ligadas ao mundo black, da música, da moda, e fazem sucesso entre negras e brancas.[5] Chamava a atenção a maneira caprichosa com a qual os cabelos da meninas eram penteados, demonstrando uma identificação étnica positiva.

Quanto à profissão dos pais, a maior parte deles exercia trabalhos com pouca qualificação, enquanto a maioria das mães não trabalhava fora. Cinco das 33 crianças da turma tinham pai desconhecido, sendo criados pela mãe.

---

5. Entrevista de Cláudia da Silva do grupo Ubuzima. Disponível em: <http://www.ubuzimacorpoealma.blogspot.com/>. Acesso em: 25 jun. 2009.

**Tabela 4:** Profissão dos pais

| Profissão | Quantidade |
|---|---|
| Pai desconhecido | 5 |
| Segurança | 3 |
| Pedreiro | 3 |
| Desossador | 3 |
| Não declarada | 2 |
| Garçom | 2 |
| Aposentado | 2 |
| Motorista | 2 |
| Auxiliar de produção | 2 |
| Servente | 2 |
| Armador de estril | 1 |
| Pintor de automóveis | 1 |
| Caminhoneiro | 1 |
| Falecido | 1 |
| Chapeiro | 1 |
| Frentista | 1 |
| Balconista | 1 |
| Total | 33 |

*Fonte*: Secretaria Escolar da EM Joaquim Silva, 2007

**Tabela 5:** Profissão das mães

| Profissão | Quantidade |
|---|---|
| Do lar | 22 |
| Doméstica | 2 |
| Vendedora | 2 |
| Costureira | 2 |
| Manicure | 1 |
| Auxiliar de cozinha | 1 |
| Autônoma | 1 |
| Ajudante | 1 |
| Arrumadeira | 1 |
| Total | 33 |

*Fonte*: Secretaria Escolar da EM Joaquim Silva, 2007

DE CRIANÇAS A ALUNOS
25

Havia, segundo a secretária escolar, preocupação dos pais em garantir a presença dos filhos na escola como forma de manutenção da receita oriunda do programa Bolsa Família[6] (PBF), um programa de transferência direta de renda com condicionalidades, que beneficia famílias em situação de pobreza e extrema pobreza, de acordo com a Lei n. 10.836, de 9 de janeiro de 2004 e o Decreto n.º 5.209, de 17 de setembro de 2004. Dentre as condicionalidades, uma refere-se à educação e exige das famílias frequência escolar mínima de 85% para crianças e adolescentes entre 6 e 15 anos e mínima de 75% para adolescentes entre 16 e 17 anos. Com relação à renda familiar foi verificada a seguinte distribuição:

**Tabela 6:** Faixa de renda familiar mensal

| Faixa em salários mínimos* | Quantidade |
| --- | --- |
| Não declarada | 5 |
| Inferior a 1 | 3 |
| Equivalente a 1 | 17 |
| Entre 1 e 2 | 5 |
| Entre 2 e 3 | 1 |
| Entre 3 e 4 | 2 |
| Total | 33 |

*Fonte*: Secretaria Escolar da EM Joaquim Silva, 2007
* Salário mínimo vigente no país em 2007: R$ 380,00.

A maior parte das crianças observadas pertencia a famílias cujo rendimento se encontrava abaixo da média observada na tabela de rendimento médio mensal de todos os trabalhos das pessoas de 10 anos ou mais de idade, ocupadas na semana de referência com rendimentos de trabalho por sexo, segundo as grandes regiões, unidades

---

6. Informação obtida no site <http://www.mds.gov.br/bolsafamilia/>. Acesso em: 25 jun. 2009.

da federação e regiões metropolitanas (2005) que apontava para a região sudeste ganho mínimo de R$ 949,00 (novecentos e quarenta e nove reais) à época.[7]

A maioria das famílias das crianças do terceiro período declarava-se católica, conforme a tabela abaixo:

**Tabela 7:** Religião familiar declarada

| Religião Declarada | Quantidade |
|---|---|
| Católica | 25 |
| Evangélica | 3 |
| Não declarada | 5 |
| Total | 33 |

*Fonte*: Secretaria Escolar da EM Joaquim Silva, 2007

Em termos gerais, essas eram as características das famílias das crianças observadas no primeiro ano. Entre 2007 e 2009, entretanto, houve modificações nas ocupações dos pais e no grupo de crianças. Havia uma incidência de troca de escola ou de turno e, após o primeiro ano, acontecia também entrada das crianças repetentes do ano anterior e saída daquelas que não obtiveram a aprovação escolar.

Muitas foram as experiências no primeiro ano de observação e decorreu daí a primeira mudança nos planos de trabalho. Inicialmente, fui à busca de entender as relações de poder travadas no interior das brincadeiras entre as próprias crianças (as estratégias de negociação, a escolha/definição dos papéis encenados, a concepção das regras que definiam a condução das atividades, ou seja, que relação as práticas de poder e hierarquia internas à brincadeira estabeleciam com a cultura mais ampla e o que falava da sociedade esta forma específica

---

7. Tabela 3.13 da síntese dos indicadores sociais da Pesquisa Nacional por Amostra de Domicílios — PNAD. Disponível em: <http://www.ibge.gov.br/home/estatistica/populacao/trabalhoerendimento/pnad2007/default.shtm>. Acesso em: 25 set. 2009.

de inserção da cultura da infância). Estar na empiria, entretanto, fez toda a diferença.

## A Educação Infantil: a pesquisa no 3º período

A pré-escola se organizava em três períodos: o primeiro atendia crianças de 3 anos; o segundo, crianças de 4; e o terceiro período, objeto desta pesquisa, crianças de 5 anos, último ano antes do ingresso no Ensino Fundamental.

Utilizei um caderno de campo onde fazia todas as anotações possíveis sobre o que estava vivenciando. Tomá-lo como elemento de análise possibilitou a produção deste material. A noção de reflexividade, emprestada da antropologia semiótica (Geertz, 1978 e 1985), auxilia a pensar na perspectiva do pesquisador. Sua subjetividade é assumida como elemento de análise, mesmo que não se tenha a pretensão de apreender as subjetividades dos envolvidos — pesquisador ou sujeitos. A reflexividade não deve ser tomada apenas no modo confessional — os comentários do pesquisador sobre como se sentia durante a pesquisa. Para a antropologia e, nesse caso, para esta pesquisa, a subjetividade deve ser entendida de maneira peculiar; as emoções são fatos sociais, produto de uma educação sentimental que é social e histórica.

Durkheim (1971) mostrou a dimensão social das emoções em seus estudos sobre os fenômenos religiosos. As sociedades, segundo ele, produzem sentimentos coletivos, necessários para a manutenção do consenso social. Os rituais, especialmente os de caráter religioso, teriam o papel de reafirmar os sentimentos coletivos que dão unidade à sociedade.

Para Mauss, as emoções em suas expressões variadas compõem uma linguagem, elementos de comunicação, logo, aspectos eminentemente sociais. Produto do emaranhado das dimensões biológicas, psicológicas e sociais:

só há comunicação humana através de símbolos, de sinais comuns, permanentes, exteriores aos estados mentais individuais que simplesmente são sucessivos, através de sinais de grupos de estados considerados a seguir como realidades. (1974, p. 190).

Os conceitos de reflexividade e exotopia podem ser pensados em relação: Bakhtin mostra que apenas ao outro é dado ver-me e que minha percepção de mim mesmo só se torna possível pela mediação feita por ele, me dando acabamento através de uma estética possibilitada pelo movimento de aproximar-se e afastar-se retornando ao ponto inicial, modificado pela experiência de ter vivido uma dada realidade pela ótica daquele a quem tento dar um acabamento. A exotopia não se limita a um conceito espacial, ela é simultaneamente uma categoria temporal. O excedente de visão é possível dado o afastamento no espaço e no tempo. Ele permite dar ao outro uma forma e um acabamento que jamais podemos ter por conta própria. (Bakhtin, 2000, p. 43).

Uma vez feitas algumas ressalvas teóricas que norteavam as ações da pesquisadora no campo, convido o leitor a conhecê-lo mais de perto, de dentro da sala da escola.

Refletindo sobre as anotações no diário de campo no primeiro ano, foi possível identificar vários aspectos referentes às interações entre adultos e crianças, às culturas infantis e às práticas pedagógicas. A ação da professora pautava-se pelos elementos assinalados nos Parâmetros Nacionais de Qualidade para Educação Infantil (Brasil, 2006) como componentes da história das discussões a respeito da qualidade nesse segmento. Para contextualizar o debate, o documento propõe contemplar:

1) a concepção de criança e de pedagogia da Educação Infantil; 2) o debate sobre a qualidade da educação em geral e o debate específico no campo da educação da criança de 0 até 6 anos; 3) os resultados de pesquisas recentes; 4) a qualidade na perspectiva da legislação e da atuação dos órgãos oficiais do país. (Brasil, 2006, p 13).

## Uma prática pedagógica sedutora

Nos momentos inicias da pesquisa de campo fui surpreendida pela atuação da professora da turma de terceiro período. Carmen revelou-se conhecedora de cada uma das crianças de sua turma, de seus contextos familiares e sociais, bem como exerceu suas funções de maneira sensível e ética. Foi importante esse reconhecimento inicial, pois a admiração permitiu um direcionamento do olhar para as positividades do campo. Tal fato não deveria tomar a forma de um véu que encobrisse as vicissitudes da realidade, mas foi uma teia que enredou a pesquisadora no começo da pesquisa e capturou seu interesse, desviando-o das crianças.

A concepção de infância presente, na maior parte das vezes, na atuação da professora do terceiro período revelava **uma visão da criança como sujeito social**, produto da sua cultura e produtor da mesma. Havia um reconhecimento da história de cada um e de sua identidade, e as relações eram pautadas por esses aspectos.

> Giovana aproximou-se e disse para Carmen: "Meu tio comprou um DVD". Carmen: "Qual tio? O irmão da sua mãe ou o namorado dela?" Giovana: "O meu tio Geraldo". Carmen: "Esse eu não conheço" (9/8/2007).

Nos diálogos entre a professora e as crianças ficava evidente **um respeito mútuo** pelo papel social de cada um. As crianças eram escutadas em suas falas e as interações verbais se davam sem que o adulto considerasse uma incapacidade infantil de entendimento do que estava sendo abordado.

> Renan aproximou-se da Carmen e disse:
> Meu pai tem um amigo polícia. Ele foi lá em casa.
> Carmen: Por quê? Eu acho que sei... Ele não comprou uma moto?
> Renan: Sim.
> Carmen: E ele tem carteira?
> Renan: Não.
> Carmen: Ah, então tem que tomar cuidado... (23/8/2007).

Ou ainda na **maneira clara e direta da professora** ao abordar situações cotidianas da realidade social daquelas crianças:

> Na atividade da roda de conversa, Carmen perguntou: "Que dia é hoje?" Richard acertou o 16 e sabia que o seguinte era 17, aniversário do Antônio C. João disse: "Vai ter bolo, pipoca, refrigerante." Carmen respondeu: "Não sabemos, pois se a mãe dele estiver sem dinheiro, aí não dá para fazer festa, mas isso não é o mais importante" (16/8/2007).

O **reconhecimento da função do lúdico** e do papel da **interação social** na constituição dos sujeitos estava presente associando as dimensões afetiva e cognitiva, sem ênfase em uma ou na outra. A interação social é um processo que se dá a partir de indivíduos com modos histórica e culturalmente determinados de agir, pensar e sentir, sendo inviável dissociar as dimensões cognitivas e afetivas dessas interações e os planos psíquico e fisiológico do desenvolvimento decorrente (...). Nessa perspectiva, a interação social torna-se o espaço de constituição e desenvolvimento da consciência do ser humano desde que nasce (Brasil, 2006, p. 14).

Os eventos do campo mostravam a integração das diferentes dimensões do sujeito nas práticas pedagógicas adotadas.

> Depois do almoço voltamos para a sala onde Carmen propôs uma atividade interessante com saquinhos de pipoca, um dado e uma história de um vento que desarrumou os sacos de pipoca do pipoqueiro. Depois, mostrou a palavra *pipoca* num cartão, pediu que as crianças identificassem (era igual ao que estava escrito no saco) e sugeriu uma atividade cortando as sílabas e entregando cada uma para uma criança (o "pi" o "po" e o "ca") em seguida, testou arrumações diferentes na ordem das sílabas, fazendo as crianças lerem o resultado de cada uma (23/8/2007).

A mediação de conflitos era outra função recorrente na prática pedagógica daquela professora e se refletia em ações explícitas de pôr fim a agressões verbais ou físicas entre as crianças.

> Carmen começou a escrever as iniciais das meninas em baixo do desenho de uma borboleta no quadro de giz. Um menino se queixou que Júlia o chamou de burro. Carmen dirigiu-se a ela: "Ele tem orelhas grandes? Tem rabão?" Júlia: "Não." Carmen: "Então não é burro, é criança." (9/8/2007).

A contenção das crianças eventualmente demandava uma ação firme do adulto que, se não fosse cuidadosa, corria o risco de atravessar a fronteira que separa a autoridade do autoritarismo.

> Fomos para fora da sala, organizados em fila e eu dei a mão para Lucas, o último da fila. Carmen pediu minha ajuda para avisar quando fosse hora do almoço e começou uma brincadeira de "laranja da china". Carmen ia dando instruções para as duplas e ficou ela mesma com Lucas, que estava sem par. Fiquei observando. Ela mandou colarem os rostos, depois as costas, depois os joelhos, os bumbuns, os cabelos ("Cuidado com os piolhos!") mandou andarem pela quadra. Richard estava aprontando, atrapalhava os colegas, vários se queixavam dele. Carmen chamou sua atenção, mas ele continuou, ela o mandou sair da brincadeira e ficar de mãos dadas com ela (20/9/2007).

Carmen nitidamente aplicou uma sanção a Richard, contendo suas ações que estavam prejudicando o restante do grupo. A punição entretanto não pareceu ter caráter excludente ou somente punitivo, pois ele permaneceu de mãos dadas com a professora por algum tempo até ser incluído novamente na brincadeira.

O encantamento não poderia ser permanente, do contrário a pesquisa ficaria comprometida. Assim, aos poucos, foi possível dirigir o olhar às crianças e buscar nas suas práticas expressões das culturas infantis que motivaram as questões iniciais da tese. Paulatinamente, apareceram no diário de campo, anotações que revelavam o resgate da capacidade crítica.

> Carmen explicou que hoje eles ensaiariam para o desfile de 7 de setembro e que ela estava ensaiando também o "esquadrão do bambolê". Fomos para a quadra e Carmen deixou seu grupo junto ao da professora do 2º período e foi ensaiar as meninas que iriam à frente com o bambolê.// Não pude deixar de pensar no quanto Carmen buscava visibilidade, ela se

> envolvia em ensaios de outras turmas e estava sempre à frente de alguma atividade.// (30/8/2007).
>
> Enquanto eu observava uma brincadeira dos meninos, a professora do 2º período deixou uma menina do turno da tarde em nossa sala, pois ia acontecer um ensaio reunindo os dois turnos. Carmen acolheu a menina dizendo: "sua tia já vai chegar". Chamou as meninas para sua mesa para mostrar a cestinha com a qual vão dançar e quase captura minha atenção. Forço-me a voltar a olhar para a brincadeira dos meninos (23/8/2007).

Percebi, então, uma tendência a me deixar capturar pelas ações da professora, o que obrigou a um maior cuidado sob o risco de que as crianças ficassem encobertas por esse direcionamento do olhar. Pude perceber ainda que a escolha daquela turma e naquela instituição por parte da Secretaria de Educação apontava para uma percepção coincidente com a da pesquisadora sobre aspectos de qualidade na Educação Infantil e na ação docente nesse segmento.

## As interações com a pesquisadora

A entrada no campo se deu a partir da proposta de William Corsaro pela qual o pesquisador deve se constituir num adulto atípico.

> a entrada no campo é crucial na etnografia, uma vez que um de seus objetivos centrais como método interpretativo é estabelecer o *status* de membro e uma perspectiva ou ponto de vista de dentro (Rizzo et al., 1992). A aceitação no mundo das crianças é particularmente desafiadora por causa das diferenças óbvias entre adultos e crianças em termos de maturidade comunicativa e cognitiva, poder (tanto real como percebido) e tamanho físico (2005, p. 444).

Nesse artigo, Corsaro fornece pistas valiosas para o adulto que pretende pesquisar crianças e suas culturas a partir das suas significações. De maneira geral, as interações que os adultos estabelecem com as crianças partem da premissa do controle do adulto. Tornar-se atípico é abrir mão dessa posição e adotar uma *"estratégia de entrada reativa"*

(2005, p. 448). Na verdade, trata-se de simplesmente estar ali e esperar que as crianças tomem a iniciativa de abordá-lo. Além do momento de entrada no campo, outro aspecto a ser observado é a manutenção da postura não diretiva durante toda a pesquisa. Essa atitude envolve alguns cuidados: não iniciar ou por fim às brincadeiras, não exercer papéis de poder nas brincadeiras de faz de conta, seguir as orientações dos líderes e se deixar participar.

Fui apresentada à turma pela professora durante a roda de conversa e falei que estava estudando como as crianças brincavam e por isso iria participar de suas atividades, observando e anotando. A princípio fui meio ignorada, as crianças não manifestaram muito interesse, embora eventualmente olhassem para mim e para o meu caderno. Nesse dia, além da professora, somente Júlia me dirigiu a palavra, na verdade mais como forma de estabelecer uma comunicação do que com algum interesse. Ela perguntou se eu estava escrevendo e eu respondi que sim. Esse foi todo o diálogo da pesquisadora com os seus sujeitos nesse primeiro encontro. Percebi ainda que havia certa indiferença aparente à minha presença, o que em conversas posteriores foi explicitado pela professora como uma preocupação de que eu estivesse ali para avaliá-la.

> A merendeira abriu a porta e chamou a turma para o café. A figura que estava sendo vista pelas crianças deu mais uma volta na rodinha e nós fomos ao refeitório. Carmen mandou fazerem fila por ordem de tamanho.// Achei meio injusto, pois se o critério fosse sempre esse, Júlia, que é baixinha, seria sempre a primeira.// Todos, inclusive a professora, tomaram um mingau de milho. Ninguém me ofereceu e eu fiquei quieta olhando. Rapidamente todos voltaram para a sala e para a rodinha. Eu os segui (9/8/2007).

Aos poucos, no entanto, fui sendo integrada ao grupo. Pesquisadores cujos sujeitos de pesquisa são crianças sabem a importância que o caderno de campo pode ter nessa relação. No segundo dia de observação, as meninas, através da Júlia — que era uma liderança incontestável — me incluíram no seu diálogo:

> Júlia (para a pesquisadora): "Escreve meu nome aí!".
> Pesquisadora escreveu: JÚLIA
> Ela não olhou se eu escrevi. Virou-se para Catarina e implicou: "Está com frio, dona Sandra?".
> Catarina respondeu: "Para!".
> Júlia: "Não quer brincar comigo, não?" E pegou um bolinho de papéis que Carmen havia posto na mesa para a tarefa, dizendo: "É meu.".
> Yasmin reagiu: "Não é nada!".
> Júlia olhou meu caderno e ordenou: "Agora o da Catarina!".
> Escrevi: CATARINA.
> Júlia pegou os papeizinhos bege e arrumou em sua folha formando uma sequência da mesma cor. Catarina ensinou como fazer e começou a arrumar o trabalho da colega. Carmen que estava explicando percebeu o movimento das duas e disse que como a Júlia acertou tão rápido, faria outro. Júlia disse que não faria (16/8/2007).

Ficou evidente que se tratava de verificar até que ponto a pesquisadora se submeteria às ordens da líder. O caderno foi se revelando um importante mediador da relação pesquisador-sujeito.

> Encontrei as crianças já na sala, sentei-me numa mesa sozinha e Lucas se aproximou dizendo: "Escreve carrinho!" Atendi e mostrei a ele. Li a frase inicial onde descrevia o ocorrido "Lucas pede..." Ele me corrigiu: "Meu nome não é assim." E pegou o meu caderno para escrever. Não ficou satisfeito com o primeiro L e fez outro. Lucas elogiou meu perfume e se afastou (30/08/2007).

**Gravura 1:** Lucas escreve seu nome[8]

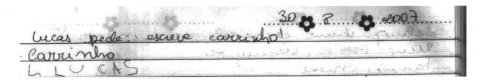

---

8. Aqui o nome original foi preservado, porém sem identificação pelo sobrenome.

Era frequente a tentativa das crianças de fazer a pesquisadora voltar ao papel de adulto típico, exercendo autoridade e pondo fim aos conflitos. O cuidado nessas situações estava em evitar a armadilha para não perder o lugar privilegiado de observação:

> Fui para a mesa das meninas, onde estavam Catarina, Carolina, Yasmin, Júlia, Vanessa e Thalita, elas brincavam com peças e formavam figuras. De um lado, Catarina e Carolina, do outro, Júlia, Yasmin e Vanessa. Thalita estava quieta, só observando. Começou uma disputa pelas peças e Catarina queria que eu interferisse para pegar um quadrado. Júlia rapidamente respondeu: "Não pode! Ela está só observando". Perguntei então para Catarina: "Como você vai resolver?". Júlia não deixou ela responder, dizendo antes: "Eu sei que tenho que dar porque ela é chorona." Carolina queixou-se: "Eu tentei fazer um negócio e a Catarina não deixou." Júlia tentou se justificar "É a casinha do neném, não é tia?" Respondi: "Eu não sei, vocês que resolvem." Carolina reforçou sua posição contra o conflito: "Não sou eu, é a Catarina quem quer." Catarina, ignorando toda a negociação, afirmou: "Tia, ela bem não quer me dar o quadrado!" Júlia, irritada, repetiu: "Ela não pode resolver! Ela está só olhando!" (30/08/2007).

Júlia se destacava pela capacidade de identificação dos papéis a serem desempenhados e das expectativas que poderia dirigir a cada um. Essa característica lhe conferia uma liderança inequívoca entre as meninas. O exercício do comando, no entanto, se desenvolvia entre tensões e era possível observar modificações nas alianças estabelecidas em vista da obtenção de privilégios.

Aos poucos, a estratégia de entrada reativa e a postura de adulta atípica começaram a surtir efeitos e as crianças expressaram isso em suas falas:

> Carmen mandou que fizéssemos "estátua" para que ela pudesse contar o número de crianças presentes. Contou duas vezes e encontrou números diferentes. Resolveu contar colocando a mão na cabeça.// Ela estava fixando a sequência.// A cada criança, Carmen colocava bem forte as mãos e sacudia a cabeça, todos riam. Chegou ao número de 25 crianças e Júlio César mandou ela me contar.// Acho que o Corsaro está me

> ajudando a virar a amiga grande.../ Fui contada e sacudida também e nosso número virou 27, pois ela também se incluiu (20/9/2007).

Outro aspecto importante para mostrar a aceitação do campo foi o convite — em minha terceira ida — pelas crianças e pela Carmen para o café da manhã e o almoço. Estranhamente, pareceu "natural" tomar leite ou comer mingau às 8h e almoçar às 10h. As funcionárias da cozinha também passaram a contar com a minha presença no refeitório nos dias de observação.

A consolidação do papel de pesquisadora como uma adulta distinta das demais me pareceu clara quando, um mês e meio após o início da pesquisa, ocorreu o seguinte evento:

> Saí da sala para ir ao banheiro. Quando voltei, as crianças estavam preparadas para ir ao teatro, sentados em rodinha, esperando a ordem de Carmen para irem lá para fora. Elas não sabiam ainda o que ia acontecer. Carmen fez um jogo de segredos e eu participei: "Vocês não imaginam o que vai acontecer agora!" Eu disse que já sabia, pois fui lá fora. As crianças estavam ouriçadas com a surpresa. Carmen explicou o que aconteceria e o comportamento que queria deles na hora da peça. Assistimos a uma apresentação sobre como agir no trânsito, Na hora de sair, primeiro as meninas, depois os meninos, Lucas questionou porque eu não havia saído, afinal eu era menina. // Me senti a própria "Corsara"! Virei uma amiga grande!// (29/9/2007).

## Questões de poder e de gênero no 3º período

As primeiras anotações no diário de campo sinalizavam para uma diferença relevante nas ações dos meninos e das meninas. Não seria possível agrupá-los no contexto de comportamentos infantis sob o risco de incorrer em generalizações que acabariam por esvaziar os conceitos de análise. O campo sugeriu que as diferenças entre os comportamentos dos meninos e das meninas eram construções sociais. Resultado: a constatação da necessidade de recorrer aos estudos de gênero. Ferreira (2002) mostra que nas interações das crianças, elas constroem uma identidade partilhada — o sentido de ser criança naquelas condições concretas — ao mesmo tempo em que estabelecem dimensões particulares e estruturais específicas que as hierarquizam entre si em suas experiências subjetivas. São elas: gênero, idade e classe social, formadores de *identidades particulares* que as assemelham e unem e/ou diferenciam e separam entre si." (Grifo da autora, p. 113-114).

Relendo as notas do campo percebi que desde o primeiro encontro as questões de gênero já se faziam presentes, tanto na fala da professora quanto na das crianças. Custei um pouco a enxergar isso, pois me encontrava de tal forma capturada na ideia de relacionar "criança" e poder, que não enxergava as suas concretudes (classe, etnia, gênero) nas quais tanto insiste a sociologia da infância.

> Carmen me apresentou para as crianças através da escrita do meu nome. Elas tentavam dizer as letras à medida que a professora ia escrevendo em caixa alta: F L Á V I A. Ela confirmou o acento agudo. Sentei no chão, na roda, me apresentei, falei que estudava, pesquisava e observava como as crianças brincam. Carolina disse que eu era "observadora". Carmen perguntou: "O que eu desenho hoje para as meninas?".
> Meninas: "Boneca, flor...".
> Carmen: "Eu já desenhei isso essa semana... vou fazer uma borboleta, tá?".
> Meninas: "Sim!".
> Carmen: "E para os meninos?".
> Meninos: "Homem aranha".
> Carmen: "Eu não desenho tão bem. Vou fazer uma teia e uma aranha, tá bom?". (9/8/2007).

Historicamente, as feministas anglo-saxãs foram responsáveis pela distinção entre *sex* e *gender* buscando afastar-se de um determinismo biológico implícito nas ideias de sexo ou diferença sexual. "O conceito serve assim como uma ferramenta analítica que é, ao mesmo tempo, uma ferramenta política." (Louro, 1997, p. 21). O gênero passou a ser percebido como um elemento constituinte da identidade dos sujeitos, tal como a etnia, a classe ou a nacionalidade, transcendendo o mero desempenho de papéis.

Há um reconhecimento de que o gênero se constitui a partir de corpos sexuados, não se trata de uma negação da biologia, mas do acréscimo da história que produzirá determinadas construções sociais.

Os estudos que tratam de gênero precisam ainda evitar uma armadilha perigosa: a oposição binária entre masculino e feminino e a lógica invariável de dominação e submissão. Torna-se, portanto, necessária uma desconstrução da polaridade rígida entre os gêneros e de uma suposta unidade interna a cada um. Louro (1997) apresenta outras oposições inscritas na mesma lógica: público/privado, produção/reprodução, razão/sentimento, em que o primeiro termo tem preponderância sobre o segundo. Ao analisar os dados do campo, é essencial identificar as condições que estabeleceram os termos das polaridades e a hierarquia nelas existente.

```
João começou uma brincadeira de ser um bicho feroz. Ele
deitava no chão e os demais vinham provocar, então o bicho
feroz corria para pegar aqueles que o estavam incomodando.
Luís falou para João: "Posso brincar?".
João o ignorou e disse para Rômulo: "Ah não Rômulo, ah
não...".
E para Antônio: "Tá bom, você é bicho normal".
João se deitou no chão e cedeu ao Rômulo: "Então tá, nós
vamos lá para casa.".
Luís se dirigiu para o Rômulo: "Rômulo me deixa brincar?"
//Como João aceitou Rômulo para seu "time" Luís buscou uma
aceitação do segundo no comando//
Rômulo nem hesitou: "Não".
João mostrou quem mandava: "Ô Antônio, você tem que pegar
a gente!".
Antônio, aceitando a liderança, esclareceu: "O que eu tenho
que fazer mesmo?".
João e Rômulo responderam juntos: "Cutucar a gente!",
O jogo de aproximação/evitação começou. Ao ser perseguido,
Antônio subiu na mesa. João e Rômulo permaneceram no chão,
rugindo ameaçadoramente, de quatro, respeitando a área
sobre a mesa como segura.// Se desejassem, bastava levantar
e pegar o Antônio// (23/8/2007).
```

As relações de poder apareciam nas interações entre as crianças. Era frequente que, nas brincadeiras, as crianças expressassem liderança e exercessem sua autoridade de maneira impositiva, autoritária, demonstrando uma forma peculiar de entendimento dos valores da sociedade na qual estão inseridas. A dimensão de poder exercida pelos meninos nesse evento exige que se explicite a maneira como tal conceito está sendo adotado. Foucault propõe a substituição de uma "teoria" do poder pela sua "analítica". Em sua forma mais abstrata, o conceito foucaultiano não mantém nenhum contato com os conceitos de Estado, soberania, lei e dominação. Ele consiste em relações de força e não emana de um ponto central, mas sim de instâncias periféricas. Além disso, está, ao mesmo tempo, em toda parte, na relação de um ponto com outro, enfim multiplica-se e provém, simultaneamente, de todos os lugares. Em síntese temos:

1. Poder como rede capilar que atravessa toda a sociedade.
2. Antes uma estratégia que um princípio ou atributo.
3. Interessam os seus efeitos: disposições, manobras, táticas, técnicas fundamentais.

As manifestações de poder entre os meninos apontaram para uma expressão clara e explícita de seu exercício. Não havia dúvidas sobre quem estava no comando e o que eles desejavam ou não na brincadeira. Já entre as meninas... O exercício de exclusão e inclusão se dava de maneira ambígua, através de mensagens que deixavam dúvida sobre a aceitação da menina no grupo ou não.

> Catarina abriu a mochila e tirou um telefone de brinquedo de dentro dela, ele fazia sons de toque e dizia uma mensagem em inglês. Imediatamente, virou o centro das atenções das meninas. Todas passaram a falar com ela com respeito. Thalita pediu: "Me empresta?". Mas foi ignorada. Catarina mostrou o telefone, colocou no ouvido das colegas e no meu e deixou Júlia segurar. Carolina pediu: "Você me empresta depois dela?". Catarina percebeu que Thalita estava chateada e retomando o telefone aproximou de seu ouvido, mas ela recusou. Catarina deu o telefone para Vanessa (30/8/2007).

Nos eventos relatados a partir do campo no ano de 2007, enquanto as crianças ainda estavam na Educação Infantil, alguns elementos se destacaram como categorias de análise das relações estabelecidas entre elas.

Quanto à ocupação espacial das brincadeiras foi possível perceber que, enquanto os meninos se espalhavam por toda a sala de aula, as meninas estabeleciam uma base fixa para suas brincadeiras com limites espaciais bem definidos, quase fronteiras territoriais. A distribuição espacial da sala permite a visualização dessa ocupação: as meninas ficavam sempre na mesa 3, enquanto os meninos ocupavam as demais mesas e o espaço entre elas.

**Gravura 2:** Mapa da sala de aula do 3° período

Outro aspecto que se destacou no campo foi o tempo despendido na organização da brincadeira — tão maior entre as meninas que ocupava quase toda a duração da atividade livre. Já os meninos, planejavam rapidamente e se dirigiam à atividade.

> Vanessa pegou a Barbie, quando Catarina viu, deu uma bronca: "Deixa minha Barbie aí!".
> Vanessa, ressentida, se afastou.
> Vanessa aproximou-se de Giovana e as duas chamaram Thalita. Com isso, Catarina ficou só e Júlia também perdeu espaço. Rapidamente ela reagiu: "Está dormindo? Está dormindo? Quer ver?".

> Ninguém deu muita atenção. Júlia colocou a boneca sobre a mesa, Thalita rapidamente a pegou. Júlia tomou de volta e reclamou: "Você está desmontando!" Catarina resolve deixar sua Barbie com a Vanessa (29/9/2007).

O exercício de poder entre as meninas se configurava como um jogo para o qual elas demonstravam preparo diferenciado; Catarina não manipulava tão bem quanto Júlia o *oferecer* e *tomar* que se faz tão necessário. Foi possível perceber que Catarina aprendeu, durante a interação, estratégias que demonstraram um maior entendimento das regras do jogo.

A invasão da brincadeira do outro apareceu como um aspecto que mostrava como a construção social dos meninos e das meninas se dá desde muito cedo; eles sendo estimulados a ocuparem espaços, a se tornarem o centro das atenções, a não desenvolverem um respeito profundo pelo espaço destinado aos demais. Elas, por sua vez, se conformando a uma geografia de fronteiras bem mais limitadas e a uma postura de defesa de território, ao invés de sua expansão. Era muito comum que os meninos atravessassem as outras brincadeiras, atrapalhando-as:

> Rômulo e Kauã vieram ao centro da sala com uma corda de pular e entraram no meio da nossa brincadeira. O objetivo passou a ser a tampinha atravessar de um lado ao outro, por baixo da corda. Antônio assumiu o lugar do Kauã que foi chamado pela professora para arrumar um jogo que ele tinha deixado desarrumado. A brincadeira se desorganizou e os dois grupos se misturaram. As duas brincadeiras estavam atravessadas. João falou: "Eu sou o leopardo eu furo a garganta!" E rugiu bem alto.
> Wesley parecia aborrecido com a invasão do nosso espaço, Richard se aproximou dele. Luís afastou o Renan, com quem brincava antes, dizendo: "Só eu e o Antônio estamos brincando, caraca!" (20/9/2007).

Os comportamentos das meninas e dos meninos ainda diferiam bastante com relação à maneira como lidavam com objetos de desejo, aqueles que atraiam a atenção de seus companheiros, conferindo, aos seus donos, algum *status*. Para os meninos, importava mostrar o objeto, estabelecer comparações e aí então definir quem saía vencedor na disputa:

> Na mesa que eu observava, começou uma comparação do tamanho do lápis. Os meninos colocavam seus lápis de pé sobre a mesa e os mediam. Não pude deixar de pensar que os meninos estão sempre comparando quem é o mais poderoso. Luís aproximou-se e perguntou ao João se ele tinha um lápis verde com borracha igual ao do Júlio César. João respondeu que tinha. (4/10/2007).

Para as meninas, o padrão de disputa remetia a um objeto ausente, logo produto da imaginação do interlocutor:

> Pedi licença às meninas e sentei-me com elas. Na mesa estavam Júlia, Catarina, Vanessa, Carolina, Thalita, Ludmila e Giovana.. Júlia e Catarina discutiam porque Júlia acusou a amiga de ter levado uma boneca sua para casa. Catarina respondeu que tinha deixado na escola. Júlia quis saber: "Você mora aonde?".
> Júlia pegou sua boneca nova na caixa e o seu segundo vestido, Thalita pediu para trocar, mas Júlia não deixou. Vanessa foi à outra mesa buscar massa de modelar a pedido de Catarina, que brincava com uma Barbie e retornou. Júlia ordenou para Ludmila: "Coloca!".
> Ludmila surpresa perguntou: "O quê?".
> Júlia: "O vestido!".
> Nesse momento havia uma divisão na mesa que agrupava de um lado Júlia, Carolina e Ludmila e de outro, Catarina, Giovana e Vanessa. Thalita estava, aparentemente, sem filiação a nenhum dos dois grupos.
> Júlia retirou a caixa da boneca da sacola de supermercado onde estava e começou um jogo de só mostrá-la ao seu grupo. Obviamente despertou o interesse de todas as meninas que estavam na mesa. Júlia falou para Catarina: "Vai se meter?".
> Catarina não se intimidou: "Estou vendo por ali!".
> Júlia escondeu mais a caixa com a sacola plástica. Foi a vez da Vanessa: "Estou vendo aqui".
> Júlia respondeu com rispidez: "Não deixa!".
> Deu um murro na mesa e continuou: "É minha boneca! Guardando a caixa no saco plástico".
> Catarina, Vanessa e Giovana estavam fascinadas pela caixa que não podiam ver, mas não se deram por vencidas: "Estamos vendo porque o plástico é transparente".

> Carolina pegou a sacola e deixou Ludmila ver. Júlia se
> levantou e foi até a professora pedir que ela colocasse o
> vestido. O grupo de Júlia — Ludmila e Carolina — continuava
> a defender a caixa do olhar das demais. O outro grupo
> resolveu então reagir e escondeu a Barbie atrás da mochila.
> Vanessa começou a contar vantagem, disse que iria ganhar
> um celular, uma boneca, um computador, um batom e um brilho
> (20/9/2007).

O comportamento das meninas referia-se a algo que não podia ser visto naquele momento. Havia uma insinuação de propriedade de algo de valor que despertava o interesse das demais. Pela quantidade de objetos que Vanessa trouxe para o final do diálogo é possível estimar o quanto estava interessada em ver a boneca da colega. O comportamento que prevalecia era, em certa medida, sedutor, em oposição ao dos meninos que era de exposição.

Como para Ferreira (2002), ficou evidente que as crianças do terceiro período traziam para a escola valores simbólicos de gênero:

> que lhes estão previamente associados e/ou que lhes foram inscritos pelas crianças nos usos sociais e reconceptualizações através das rotinas do *brincar* — saber o que *brincar*, onde *brincar* e a quê, como, com que e com quem *brincar* —, subscreve a ideia de que meninas e meninos têm um conhecimento semelhante dos recursos disponíveis para a expressão de identidades de género, que se organizam de modo segregado e em torno do seu próprio género (p. 115)

Esse conhecimento não significa que as crianças se apropriem dos valores de gênero tal como os adultos. Assim, a autora distingue entre a adoção de papéis de meninos ou meninas e a identidade de cada um. No primeiro caso trata-se de desempenho de papéis arbitrariamente definidos, enquanto a identidade iria além, daria sentido ao pertencimento relacionando múltiplas dimensões. Ferreira (2002) propõe que a relação das crianças, nesse aspecto, permite um novo posicionamento analítico que desconstrói a polaridade decorrente de uma lógica simplista baseada na oposição entre dois polos:

um dominante, um dominado. A maneira peculiar de as crianças ressignificarem os papéis de gênero coloca em questão a unidade e a permanência da sua relação.

> introduzindo de permeio as redes complexas de poder que, no seu exercício, nas suas estratégias, nos seus efeitos, nas resistências que desencadeia, não só são constitutivas das hierarquias sociais entre gêneros, como podem, ao fraturá-las e dividi-las internamente, surpreender as múltiplas formas que podem assumir as masculinidades e as feminilidades... (p. 116).

Ferreira (2002) desenvolve o conceito de *posicionamento* para compreender que os modos possíveis de as crianças construírem e assumirem o gênero, não são consequência da influência biológica concreta, nem de uma determinação social abstrata, mas se revelam em ações situadas. As crianças, nas suas próprias experiências, ao interpretarem o mundo em termos de um conhecimento de gênero:

> são capazes de se posicionar de variados modos no seio de um conjunto de discursos e práticas e aí desenvolver subjectividades, tanto em conformidade como em oposição face aos modos pelos quais os outros também as posicionam (p. 117)

O reconhecimento das variações possíveis introduzidas pelas crianças aparece no que a autora denomina *zonas de transgressão de gênero* (2002, p. 120), quando as fronteiras são ultrapassadas e se tornam áreas de conflito, permitindo uma analise privilegiada das negociações de identidade que daí decorrem. Podemos articular essas reflexões ao conceito de liminaridade, de Van Gennep, que se aplica em especial a duas crianças desta empiria: Júlio César e Paula. Os dois transitavam com desenvoltura tanto pelo grupo de meninos quanto pelo de meninas. Para Van Gennep, o sujeito *transitante* é aquele que está de passagem de um *status* ou lugar a outro: "Qualquer pessoa (…) que flutua entre dois mundos. É esta situação que designo pelo nome de margem (…)." (1978, p. 36). Turner (1974), por sua vez, afirma:

De crianças a alunos

Os atributos de liminaridade, (...) são necessariamente ambíguos... esta condição e estas pessoas furtam-se ou escapam à rede e classificações que normalmente determinam a localização de estados e posições num espaço cultural (p. 116)

Paula apresentava algumas características que a distinguiam das outras meninas: não se queixava à professora sobre o comportamento dos demais, falava pouco, não era chorona e colaborava com os meninos.

> Em nossa mesa, André ofereceu mais massa de modelar para Paula, ela aceitou, ele jogava pedaços para ela e depois os pegava de volta, ela não reclamou. Os meninos do outro grupo deitaram-se nas fileiras de cadeiras. Paula pegou uma cadeira de nossa mesa e arranjou-a na ponta da fileira, dizendo: Aqui ó! // Embora mostrasse interesse na brincadeira dos demais, continuava em seu lugar, mostrando uma atitude de colaboração "desinteressada" (22/10/2007).

Júlio César, por sua vez, conseguia acesso às brincadeiras dos dois grupos. Neste evento é possível observar o motivo que o distinguia dos demais, sua coragem ao lidar com insetos:

> Júlio César encontrou uma cigarra, virada de barriga para cima, perto do bebedouro e pegou o animal, Carolina e Vanessa hesitavam entre o medo e o interesse, Rubens e Antônio também não estavam confiantes para segurar o inseto nas mãos. Júlio César organizou uma brincadeira de fazer a casinha da cigarra e todos começaram a ajudar. Depois de um tempo a cigarra voou para a quadra e Sandra proibiu as crianças de irem lá (27/9/2007).

As tensões entre as meninas e os meninos revelavam-se nas disputas por brinquedos ou nas brincadeiras. Uma estratégia para livrar-se dos meninos era questionar a sua masculinidade. De acordo com Barreto e Silvestri (2005), pode-se dizer que os meninos precisam constantemente reafirmar não a sua masculinidade, mas sim seu distanciamento da feminilização, estado no qual as características do "macho" se apresentam debilitadas:

Um homem, na nossa cultura ocidental globalizada é submetido a um processo de socialização, durante o qual vai adquirindo as referências de comportamento que moldam a conduta do masculino. Entretanto, a condição de masculino, o *status* de homem *macho*, diferentemente do lugar do feminino, não é confirmado, em caráter definitivo (p. 12).

O evento a seguir apresenta de forma exemplar o que as autoras apontam em seu texto. Um menino tocar numa boneca nega sua masculinidade não só pela dimensão do feminino; a oposição aqui estabelecida é também referida à homossexualidade.

> Thalita interessou-se pela tiara de massa de modelar que Catarina fez para a Barbie, enquanto isso, Giovana e Carolina observavam a brincadeira de luta dos meninos, sorrindo. A brincadeira dos meninos ficou muito bruta e barulhenta. Giovana levantou-se e veio contar um segredo para Thalita. Os meninos pegaram o saco plástico que envolvia a caixa da boneca da Júlia. Giovana jogou a boneca e a caixa no chão, aproveitando que Júlia tinha saído e quando ela voltou, disse que tinha sido o Rubens. Júlia pegou o saco, mas João arrancou de sua mão dizendo: "Eu vi primeiro!" Júlia foi queixar-se com a professora. Carmen deu o comando para irmos para o pátio. Quando Richard passou pela mesa das meninas, colocou a mão na boneca e Catarina ameaçou: "Vou contar para o seu pai! Você está mexendo na boneca, isso é coisa de menina ou de bichinha!" (4/10/2007).

Relacionar o exercício de poder às práticas distintas dos gêneros traz uma complicação conceitual que pode enriquecer os seus termos:

> Os sujeitos que constituem a dicotomia não são de fato, apenas homens e mulheres, mas homens e mulheres de várias classes, raças, religiões, idades etc. e suas solidariedades e antagonismos podem provocar os arranjos mais diversos, perturbando a noção simplista e reduzida de homem dominante *versus* mulher dominada (Louro, 1997, p. 33).

O conceito de gênero é mais promissor do que o de papéis sexuais, na medida em que vai além do determinismo biológico, ampliando a vinculação inicial a uma variável binária arbitrariamente definida para uma percepção da sua natureza relacional e contextual.

O feminismo pós-estruturalista, aproximando-se de teorizações como as desenvolvidas por Michel Foucault e Jaques Derrida, assume que gênero remete a todas as formas de construção social, cultural e linguística implicadas com processos que diferenciam mulheres de homens, incluindo aqueles processos que produzem seus corpos, distinguindo-os e nomeando-os como corpos dotados de sexo, gênero e sexualidade (Meyer, Ribeiro e Ribeiro, 2004, p. 7).

Assumir esse ponto de vista traz como consequência uma visão de identidade próxima da definição de Stuart Hall (1997):

> o sujeito assume identidades diferentes em diferentes momentos, identidades que não são unificadas ao redor de um "eu" coerente. Dentro de nós há identidades contraditórias, empurrando em diferentes direções, de tal modo que nossas identificações estão sendo continuamente deslocadas (p. 13).

A identidade, sob este ponto de vista, não pode ser tomada como algo em si mesma, já construída, ou em vias de fechar-se numa única forma. É composta, na verdade, de processos identitários, marcados pelas questões de classe, gênero, etnia, entre tantas que vão se colocando para o sujeito ao longo da vida. A identidade não é idêntica a si mesma nem diacrônica, nem sincronicamente.

Remeter o debate para a escola implica em reconhecer o seu papel de instituição formadora, estrategicamente situada na vida dos sujeitos para introduzi-los na ordem social por meio do poder disciplinador. Evidentemente outras instituições colaboram nesse processo, mas, para este trabalho, interessa identificar o seu papel. Para Foucault (1984), a disciplina se organiza como uma tecnologia que age sobre os corpos dos indivíduos, controlando-os e assujeitando suas forças na produção de comportamentos. A escola desempenha papel crucial nesse processo, pois, não só é o palco onde essas experiências se realizam, como também um agente que as confirma e produz. As aprendizagens são naturalizadas de forma que os fatos sociais perdem a dimensão histórica de reconstrução permanente.

O conceito da sexualidade pôde ser construído na idade moderna junto à ideia de individualidade, que trouxe consigo a noção de subjetividade como sua constituidora. Como objeto de estudo, a sexualidade emergiu no campo da reprodução biológica e social das populações. Freud e a psicanálise iniciaram uma forma de pensar a sexualidade estruturada à identidade que, segundo Abramovay (2004) faz parte do imaginário popular da cultura ocidental até hoje em dia.

A segunda metade do século XX trouxe mudanças significativas provocadas pelo desenvolvimento de métodos contraceptivos, desvinculando o ato sexual da atividade reprodutiva, e dos movimentos sociais que:

> questionavam as desigualdades resultantes das relações de poder construídas a partir de materialidades de vida em relações sociais, valores e representações simbólicas derivadas dos modelos de normalidade sexual vigentes até então (Abramovay, 2004, p. 31).

As relações entre escola e sexualidade decorrem, em parte, do fato de que as construções das identidades de gênero são fenômenos pertencentes ao desenvolvimento, o que deslocaria para esse local uma premência em trabalhá-los. Foucault (1984), entretanto, já apontava para a existência de duas maneiras de apropriação da sexualidade: a *ars erótica* e a *scientia sexualis*. Na primeira, a ênfase se centraria na questão do prazer e da subjetividade, enquanto a segunda enfatiza o discurso científico e a preocupação com a reprodução. A apropriação do discurso pedagógico sobre a sexualidade estaria extremamente voltado para essa segunda via, com ênfase no controle e na prevenção.

De qualquer forma, vemos com Louro (1998, p. 87-88) que:

> É indispensável admitir que a escola, como qualquer outra instância social, é, queiramos ou não, um espaço sexualizado e generificado. Na instituição escolar, estão presentes as concepções de gênero e sexuais que, histórica e socialmente, constituem uma determinada sociedade. A instituição, por outro lado, é uma ativa constituidora de identidades de gênero sexuais.

A ação dos mais velhos na formação das identidades sexuais aparece incorporada no discurso das crianças e em suas práticas, pois sabemos que as culturas infantis são construídas pela apropriação que as crianças fazem do que a cultura mais ampla lhes oferece através da sua reprodução ou reinterpretação. O comportamento das crianças é regulado pelos adultos e pelos seus pares na construção simbólica e cultural dos sujeitos e de seus corpos. Se às meninas se dirige uma contenção, aos meninos parece haver uma permanente cobrança de demonstrações de virilidade. O controle das emoções é relativo no caso das meninas e bastante assertivo sobre a conduta dos meninos. Certamente essas generalizações não são suficientes para o entendimento da complexidade das relações existentes, porém, auxiliam a análise da formação dos sujeitos masculinos e femininos.

Esse era o rumo que a pesquisa tomava ao final de 2007. Tudo indicava que a tese se constituiria num estudo baseado na sociologia da infância, que focalizava as relações de poder entre meninos e meninas numa escola municipal de Três Rios. Entretanto...

## O Primeiro Dia de Aula no 1º Ano do Ensino Fundamental

O caderno de campo deveria ser mantido na esfera privada do estudo à qual somente a pesquisadora teria acesso e forneceria os dados da empiria para realização das análises. A princípio, não caberia sua apresentação em estado bruto. Gostaria, entretanto, de solicitar aos leitores a compreensão da importância de entrarem em sala junto com a pesquisadora na Escola Municipal Joaquim Silva, no primeiro dia de aula da turma na qual eram feitas as observações a qual estava, no ano anterior, no terceiro período da Educação Infantil. Convido a todos para dividir as surpresas e as perplexidades decorrentes da passagem das crianças ao 1º ano do Ensino Fundamental. Para que a leitura deste trecho não se torne cansativa, excepcionalmente não será observada a diagramação utilizada para outros eventos do campo.

Embora fiel ao caderno, o registro a seguir foi reescrito para apresentar maior coerência e coesão.

Cheguei à escola às 6h 46min, ansiosa também por esse recomeço: como seria o primeiro dia de aulas no 1º ano do Ensino Fundamental? Júlia também chegou cedo, passou por mim e deu um sorriso.

Na hora da entrada houve certa confusão com as filas, pois a professora da turma dos primeiros períodos estava atrasada. Acompanhamos a nova professora e subimos para o segundo andar onde a arrumação da sala chamou a atenção: filas de carteiras, isoladas umas das outras, um abecedário na parede e os numerais de 0 a 9. Havia várias crianças diferentes da turma do ano passado.

A professora se apresentou. Seu nome era Lídia, em seguida perguntou às crianças o que acharam da sala e disse: "A tia vai passar deverzinho de casa... A tia trouxe lápis de cor para quem não trouxe... A tia vai pedir para a mamãe trazer o material".

A fala sobre si mesma na terceira pessoa apontava para uma relação com as crianças pautada numa infantilização, o que de certa forma contrariava as expectativas do grupo que havia alcançado uma nova etapa da escolarização básica e que no ano anterior referia-se às crianças mais velhas como detentoras de um *status* diferenciado em relação às da Educação Infantil.

Lídia explicou que a cada dia escolheria um ajudante, perguntou quem trouxe suco e pediu que João os recolhesse e levasse para a cozinha deixando-os na geladeira. Apesar de a turma ter 30 alunos, até esse momento havia 14. Aos poucos chegaram algumas crianças da turma do ano anterior. Richard começou a mostrar um brinquedo para o Renan, mas o menino na minha frente o delatou para a professora. Foi necessário arrumar as carteiras para que coubessem os 21 que chegaram. A mãe do Dudu veio buscá-lo avisando que ele tinha passado para o turno da tarde.

Wellington, aluno reprovado no ano anterior, cuja mãe conversara com Lídia na entrada, dizendo que naquele ano estaria mais presente e que qualquer coisa a avisasse, pediu para ir ao banheiro. Lídia disse que não, pois esse ano seria diferente, nada de passeios pelos corredores e contou para as crianças sobre a troca de direção da escola: "A tia Martinha foi para outra escola, agora quem dirige o colégio é o tio José".

Em seguida, todos se apresentaram, dizendo de onde vieram e eu também. Lídia mostrou um mural de aniversários e falou que contaria uma história, sem muitas figuras, era para eles imaginarem. Tratava-se de dois personagens, crianças, que não podiam estudar, pois precisavam trabalhar para ajudar os pais, até o dia em que ganharam um livro, um caderno e um lápis. Os pais conseguiram um emprego na cidade e eles foram para a escola. A história chamava-se "Uma viagem pelo mundo das letras". A professora perguntou se eles conheciam alguém que não estudava por que precisava trabalhar; alguém criança como eles. Não havia ninguém. Nova pergunta: "Onde encontramos as letras?".

Um menino, cujo nome eu ainda não sabia, respondeu que quando escrevíamos elas apareciam. Lídia, então insistiu: "Mas onde as achamos escritas?" Ela mesma respondeu: "No mercado, nas placas, na embalagem dos biscoitos... E números também, nós encontramos os preços no mercado".

Júlia virou-se para mim e deu tchauzinho.

Lídia perguntou o que eles fizeram nas férias, vários responderam que jogaram videogame. Algumas meninas disseram que não fizeram nada. Lídia disse que trouxe um desenho da Aninha e do Zezinho, personagens da história para eles colorirem, mandou pintarem *bem bonito* que ela colocaria no mural. Aproximou-se de mim e disse que esse trabalho era para ver como as crianças estavam; uma espécie de diagnóstico. Nesse momento, percebi um desconforto pessoal que se traduzia numa má vontade para com as práticas exercidas.

Como algumas crianças tinham lápis e outras não, a professora disponibilizou lápis de cor e canetas coloridas. Richard perguntou: "Tia, pode começar?".

Nesse momento me dei conta de que cada criança trabalhava absolutamente sozinha e fiquei me perguntando onde estariam as brincadeiras?

Percebi que Luís estava com alguma dificuldade, pois se virou para copiar o trabalho de Kátia. Como se tratava de colorir figuras, pensei que buscava certificar-se do que era esperado dele. Lídia avisou que as crianças deveriam trazer caderno no dia seguinte, pois ela passaria "deverzinho". João terminou e Lídia elogiou o seu trabalho, sugeriu que quem quisesse contornar com *canetinha* poderia fazê-lo.

Nesse momento, eu me encontrava em pleno devaneio, as anotações do caderno de campo demonstram isso: Que vontade de voltar para o terceiro período, não encontro brincadeira aqui, só silêncio... Que saudades do Lucas, da Paula, do Júlio César, será que saíram? Que sensação de descontinuidade. E o Antônio K? Esse aqui ao meu lado é o Antônio W. Escutei a professora chamando e parei de devanear.

Lídia mandou escreverem o nome no desenho, que seria colocado no mural. Olhando para as crianças, vi Denis contornando um dos personagens do desenho. Em seguida parou, bocejou e ficou com o olhar perdido ao longe. Na sala ecoava o som de vários bocejos. Novamente meu pensamento se afastou do imediato da cena: O abecedário não incluía as letras do alfabeto americano, como ficam os Wesleys, Williams, Kauãs e Kátias?[9]

Entre tantas dúvidas, fiquei me perguntando se Lucas saberia escrever o nome, afinal era o seu primeiro dia numa escola. Nesse momento fui interrompida por uma batucada feita pelos meninos e prontamente repreendida por Lídia: "Parou a batucada!".

Dirigi minha atenção ao Denis que parecia desmotivado, só bocejava, não fazia a atividade proposta, nada. Ele se levantou e foi à mesa da professora buscar lápis de cor. A dinâmica da sala era permanente, muitas coisas aconteciam ao mesmo tempo com as crianças, mas tratava-se nitidamente de uma atividade marginal, paralela à proposta de trabalho da professora. Richard começou a brincar com um helicóptero que trouxe de casa. João pediu para ir ao banheiro, Lídia

---

9. O Acordo Ortográfico da Língua Portuguesa, que adotou o alfabeto de 26 letras assinado pelo Brasil e demais países foi aprovado pelo decreto legislativo nº 54 de 18 de abril de 1995, entrando em vigor em janeiro de 2009.

DE CRIANÇAS A ALUNOS

autorizou. Diante disso, Wellington fez uma nova tentativa: "Posso ir ao banheiro, tia?". Nova negativa: "Não, pois você gosta de passear".

Lídia dirigiu-se novamente à turma dizendo que esse ano seria diferente já que eles teriam aula de informática, educação física e iriam à biblioteca. De certa forma, parecia um esforço de motivar as crianças com o que iriam encontrar na escola naquele ano. Enquanto isso, Richard levantou-se e foi à mesa de Wesley com o helicóptero. Lídia anunciou: "A tia está esperando todo mundo acabar para fazer uma brincadeira".

A brincadeira consistia em vir uma "fileira" de crianças de cada vez até a mesa da professora e encontrar, entre as várias placas com os nomes dos alunos, o próprio nome para em seguida escrevê-lo na folha que coloriram. Lídia explicou que fez as placas do nome, de um lado com *letra de máquina* e outro com *letra de mão*. Perguntei-me se as crianças tinham conhecimento do que seria "letra de máquina", afinal, esse conceito me parecia anacrônico diante da multiplicidade das fontes disponíveis em computadores.

Júlia seguiu a fila do João, que não era a da sua carteira e não identificou o seu nome. Lídia ajudou: "Júlia, como é a primeira letrinha do seu nome?". Algumas crianças falaram "ju". Júlia enfim encontrou seu nome. Lídia organizou a turma em grupos de quatro ou cinco crianças. Juntei-me ao grupo de Denis, William, Andressa, Wellington e João. Wellington pediu pela terceira vez para ir ao banheiro. Lídia aproximou-se dele e perguntou se ele estava mesmo com vontade ou queria ir passear, acrescentando: "Banheiro e água serão na hora da merenda.". Wellington aproveitou para emendar: "E o parque...". Lídia logo pôs fim às nossas esperanças: "Parque é uma vez por semana e não é hoje!".

Para a atividade seguinte, Lídia distribuiu livros orientando que eles lessem para depois contar ao grupo. Júlia bocejou bem alto. Denis me perguntou o nome da primeira letra de seu nome, respondi "D", ele falou para a professora: "Tia eu tenho *D* no meu nome.".

Enquanto William folheava rapidamente os livros, trocando-os; escutei Wellington falando para João: "Esse é muito maneiro, tem uma porcona dando mamá para os porquinhos".

João dirigiu-se ao Luís em outro grupo e pediu: "Me empresta esse?".

Luís ignorou o pedido. Wellington estava lendo um livro do Rei Leão e dizia: "Leão do mal, leão do bem".

João corrigiu: "Isso aí é um macaco!".

João beliscou Wellington, num misto de brincadeira e agressão. Lídia chamou a atenção dos dois. João procurava "leões bem fortes" no livro e mostrava para o Wellington.

Escutei Júlia na outra mesa dedurando dois colegas através de uma indagação: "O livrinho que a tia deu é para brincar de espada?".

Lembrei-me de quanto essa sua habilidade de dizer o que os adultos queriam ouvir tinha sido um diferencial positivo a seu favor no ano passado, conferindo-lhe *status* e prestígio.

João e Wellington brincavam de se chutar por baixo da mesa, William acabou sendo atingido e ameaçou bater neles. Ao escutar a confusão, Lídia ameaçou retirar Wellington do grupo. João provocava Wellington para que ele reagisse e a professora brigasse. Ao pegar novamente o livro, Wellington mostrou para o grupo o leão mais forte. Pela quarta vez, ele pediu para ir ao banheiro, Lídia abaixou-se para falar com ele e enfim deixou que ele fosse, mas recomendou que não ficasse passeando pela escola. William aproveitou e pegou o livro do Rei Leão, procurando também o leão grandão. Júlia e William levantaram-se e começaram a trocar os livros pelos grupos, acabaram, ao invés disso, indo guardá-los no armário. Rubens tirou uma moto de brinquedo de dentro da mochila, João pediu: "Me empresta?" Rubens recusou-se e João avisou ao seu grupo: "Quando o Rubens pedir para brincar, não deixa".

As alianças começavam a se restabelecer e novos acordos deviam ser selados diante do ingresso de crianças na turma. William, que a princípio não tinha nada com isso, perguntou: "Qual Rubens?". João propôs ao William esconderem o nome do Wellington enquanto ele estava no banheiro. Enquanto isso, Júlia falou:

— "Ô tia... cheirinho de almoço..." Lídia perguntou quem queria contar uma *historinha*, das que tinham lido, Luís respondeu na lata:

— "Eu não sei contar nada ainda. Eu nem sei ler!".

Lídia mandou Richard guardar o helicóptero e disse que as crianças fariam um dever de aula, para o qual deveriam manter a arrumação em grupos. Distribuiu uma nova folha e escreveu a data no quadro para copiarem. Denis escrevia espelhando. João e Wellington começaram a medir o tamanho dos seus lápis enquanto discutiam sobre qual era o maior. Liliane, William e Denis entraram na competição, William reclamou de João: "Ah lá, ele está aumentando!".

As crianças iam fazendo as tarefas propostas: achar a letra do nome, escrever o nome igual ao da placa, contar quantas letras tinha, enquanto continuavam medindo seus lápis. João sempre acabava primeiro. Os apontadores foram colocados atrás dos lápis para que ficassem ainda maiores. William escreveu o nome todo. Wellington brincou de fazer seu pé conversar com o pé dos amigos. João começou a cantar a primeira sílaba do nome de William ("Wi, Wi, Wi") como Carmen fazia ano passado para ajudar a encontrar a placa do nome. Na hora de colorir, percebi que William tinha dúvidas sobre as cores, mesmo as primárias. Todos em meu grupo começaram a batucar. Um menino se aproximou para fazer ponta no lápis e João, Wellington e William implicaram com ele. João falou sobre um lobisomem. Os meninos começaram a rir. Denis que estava concentrado na tarefa começou a rir também. Só Liliane estava quieta. Wellington levou outra bronca, embora todos estivessem "bagunçando". João o provocava fazendo caretas, levantando as sobrancelhas e o chamando.

Lídia dirigiu-se a outro grupo e retirou um menino, afastando-o do grupo e brigando muito com ele, dizendo que não ia permitir que atrapalhasse os demais. Confesso que fiquei um pouco assustada com a intensidade da bronca. Alheios a isso, Wellington e João cantavam e uivavam, enquanto William começou a assoviar. Wellington perguntou ao João: "Quantos lápis você tem?" João respondeu: "Seis." Wellington duvidou: "Então mostra!".

João desconversou e chamou atenção para Denis, que estava atrasado na tarefa em relação aos outros. Wellington começou a cantar:

— "Créu! Créu! Créu!"[10]

William pediu: "Velocidade 4!" Wellington atendeu: Créu! Créu! Créu! Créu. William pediu de novo: "Velocidade 6!" Denis parou a tarefa para ver Wellington cantando: "Créu! Créu! Créu! Créu! Créu! Créu!" Wellington perguntou ao Denis: "Acabou?"

Como várias crianças acabaram, Lídia perguntou quem queria pintar a Aninha da folha. João não gostou da ideia e começou a ver em nosso grupo quem iria pintar. William começou a pintar o desenho e João o ridicularizou, William parou de pintar. Apesar dos demais, Wellington pintou o desenho da boneca, abriu o estojo e mostrou: "Olha minha cola hotweels." (marca de carros de brinquedo).

Lídia pediu a Wellington que fosse até a "tia da cozinha" buscar pá e vassoura. Aproximou-se de mim reclamando que tinha que fazer tudo, inclusive a limpeza da sala, pois não acontecera a contratação do pessoal para tal. Disse ainda que havia mudado de estratégia com o Wellington em relação ao ano passado, solicitando sua colaboração sempre que possível.

William decidiu pintar a personagem, João e Liliane não pintaram. Em seguida, fomos para o refeitório, pois era hora da merenda. Percebi que Lídia não almoçou com as crianças. Ninguém me convidou para almoçar também. As crianças foram ao banheiro e beberam água, retornando logo para a sala. Algumas crianças abriram os biscoitos logo após o almoço, Wellington ofereceu-se para ajudar Denis com o refrigerante: "Quer ajuda colega?".

Júlia pegou a vassoura e a pá e começou a varrer a sala. Mais uma vez, buscava agradar, fazendo algo que, percebeu, estava incomodando a professora. Lídia ia recolhendo os trabalhos e colando-os nos cadernos das crianças. Enquanto isso, permitiu que os meninos brincassem com seus brinquedos, mas recomendou: "Pique não pode!".

Percebi que as crianças estavam compartilhando mais os lanches trazidos de casa do que no ano passado, talvez por terem almoçado

---

10. O *funk* do créu tem em sua letra apenas a palavra "créu" acompanhada de movimentos que imitam uma relação sexual, cada vez mais rápidos em função da "velocidade" anunciada.

antes... Lídia distribuiu folhas para desenho livre para as crianças que desejassem. Denis me deu um biscoito, aceitei. João perguntou para a professora: "Tia, de que a gente vai brincar?".

Lídia propôs: "Carrinho, desenho".

Renan tirou um potinho de filme fotográfico da mochila e distribuiu moedas de pequeno valor entre os companheiros da sua mesa. Lídia aproximou-se de mim e disse que tinham tirado o nosso recreio, ou seja, a ida ao parque com as crianças, mas "ordens eram ordens!". Contou ainda que nessa turma havia onze repetentes e que as idades variavam entre cinco e onze anos.

Os meninos de minha mesa pegaram suas mochilas de rodinhas e brincavam de carrinho, apostavam corrida, brigavam entre as mochilas, logo veio a bronca: "Puxa, a mãe de vocês gastou um dinheirão para comprar essas mochilas e vocês vão quebrar?".

Nesse momento percebi que as crianças tinham perdido a noção do que era permitido em sala de aula. De certa forma, o contrato velado que rege as relações numa instituição havia sido modificado e eles não conheciam os termos que estavam agora em vigor.

Wellington foi posto de castigo numa cadeira na frente da sala, não vi o que motivou isso. João pegou sua cola bastão e mostrou, Rubens colocou-a na boca e disse: "Olha o charutão!".

Nós estávamos num pequeno grupo, sentados no chão, perto do armário. Quando a professora se aproximou, os meninos se afastaram. Lídia voltou a dizer que eles deviam brincar de desenhar.

Dentre os códigos modificados, encontramos o desenhar que no ano anterior pertencia à categoria "trabalhos" e esse ano fora deslocado para a categoria "brincadeiras" o que promovia um descompasso entre a proposta da professora e os meninos.

Voltei para minha carteira e Júlia se aproximou, depois se sentou para desenhar perto do William. João levou uma bronca por estar correndo. Renan e João deitaram no chão e brincaram que eram lobos. Teve início uma brincadeira de aproximação-evitação típica (Corsaro, 2009, p. 22). Rubens se aproximava, dava palmadas nos lobos e saía correndo. A brincadeira era provocar o lobo e correr. João gritou: "Está com Renan!" Lídia acabou com a brincadeira: "Agora a tia vai dar papel e vocês vão desenhar! Vai ter um dia para brincar lá embaixo".

Richard sentou-se em sua carteira quieto, mas não começou a desenhar. Não pude evitar considerar sua atitude um ato de resistência.

Wesley começou a brincar de fazer caretas, Lucas se aproximou assim como Antônio. Eles faziam a careta e viravam para o ventilador. Neste momento o coordenador Carlinhos veio em nossa sala e disse que daria um "recado do coração", conversou baixinho com a professora na porta e veio falar com a turma. Não se apresentou, não disse sua função ou nome, apenas comunicou que havia uma nova direção e que as coisas mudaram: "Disciplina é tudo! Não pode sair um minuto antes do sinal. Só pode ir ao banheiro em caso de extrema necessidade. Se descer a escada ou a rampa correndo, vai voltar até aprender a descer direito, com muita disciplina. Qualquer problema, a tia pode mandar a criança conversar comigo, pois essa é a idade de colocá-los no eixo!".

Vários pensamentos tomaram conta de mim e o que eu sentia era um misto de desespero e desejo de voltar para a turma da Educação Infantil. Fiquei me perguntando se as crianças estavam se sentindo da mesma forma.

Teve início um tempo de nada. Simplesmente esperávamos o sinal tocar. A demora devia estar incomodando também à professora, pois ela disse que a hora não passava, e começou a varrer a sala. Para o dia seguinte, Lídia sugeriu que as crianças trouxessem uma garrafa com água, para não sentirem sede. Observei que as meninas maiores deitaram a cabeça na mesa, esperando o tempo passar. Esse comportamento também não fazia parte do repertório de nossa turma no ano anterior. Os alunos que vieram da Educação Infantil pareciam bem mais ativos e apresentavam maior dificuldade em se adequar às novas regras sequer explicitadas.

Lídia continuava distribuindo folhas para desenho, uma maneira de ocupar as crianças nesse tempo ocioso. João recusou: "Não precisa não, tia".

Rubens e Renan começaram a correr pela sala de novo, nova bronca! Rubens transformou sua mochila em guitarra e começou a "tocar". Logo a brincadeira virou um pique-cola, as mochilas eram uma espécie de escudo que não permitia colar. Renan pegou os colegas. Lídia, mais uma vez, acabou com a brincadeira. William e Renan se renderam e foram pegar um papel para desenhar. João e Wellington dançavam a dança do créu.

Júlia estava apoiada na janela, olhando para fora e Lídia a mandou sair. Rubens avisou que ia embora de ônibus, precisava sair mais cedo. A professora começou a conversar com as crianças, quis saber de que brincavam, que músicas cantavam... João se animou, falou sobre a música das caveiras,[11] Lídia não conhecia. Falou sobre a brincadeira de "meus pintinhos venham cá" Lídia disse que depois iria combinar um dia que teria parque e, nesse dia, as crianças poderiam trazer um brinquedo para brincar, uma vez por semana. João perguntou esperançoso: "Amanhã?".

Lídia disse que ainda não sabia e que nós teríamos que rezar para não chover, pois molharia a grama. Richard cantou a música do trem maluco. Algumas crianças cantaram junto.

Lídia explicou que bateriam dois sinais e, então, poderíamos sair, essa foi a única explicação referente às novas rotinas que as crianças teriam durante este ano. Depois, pediu que no dia seguinte, as crianças voltassem bem animadas.

A pergunta de Rubens, entretanto, ficou sem resposta: "Por que amanhã não pode brincar no parquinho?".

## Mudando os rumos da pesquisa: preservando o essencial

Não tenho recordações do meu primeiro dia de aula no Ensino Fundamental, talvez ele não tenha me marcado tanto como esta expe-

---

11. "Rock das caveiras", gravado por Bia Bedran de autores desconhecidos.

riência enquanto pesquisadora. Como ficou evidente, a passagem de ano e o início da alfabetização trouxeram incômodos que, pouco a pouco, se configuraram nas questões que motivaram por fim este estudo. O primeiro dia de aula foi uma experiência única para a pesquisadora e para as crianças pesquisadas. As crianças pareciam não saber o que poderia ou não ser feito. As carteiras arrumadas em fileiras isoladas, voltadas para o quadro, a mesa da professora na frente da turma, a presença de onze crianças reprovadas no ano anterior que se somaram ao grupo, a ausência de um número significativo de crianças que compunham a turma do ano anterior, o abecedário e os numerais fixos na parede, tudo isso já prenunciava o início de um ano de trabalho diferente do que se tinha experimentado até então na Educação Infantil. As crianças não podiam correr, ir ao banheiro, brincar de pique, batucar, cantar ou olhar pela janela. Cada ação que fugia a estar disciplinadamente sentadas em suas carteiras era repreendida pela professora. Havia um descompasso nas ações daquelas que vieram da Educação Infantil e das que eram repetentes ou vindas de outras escolas. Atitudes como abaixar a cabeça na carteira para esperar o tempo passar não faziam parte do repertório do ano anterior.

A partir desse ponto, o objetivo central transformou-se junto com a realidade das crianças; tratava-se agora de analisar, nas práticas observadas, os processos que indicavam uma ação social que transforma crianças em alunos, estabelecendo uma quase identidade entre as duas categorias. O trabalho assumiu novas configurações, buscaria perceber o campo na tensão da cultura escolar com as culturas infantis. Entretanto, uma das marcas principais da pesquisa se manteve: perceber os aspectos descritos a partir daquilo que as crianças manifestavam em suas relações.

O produto desse esforço será apresentado a seguir. O próximo capítulo traz a construção do campo teórico, enquanto os demais buscam estabelecer as relações entre a teoria e a empiria reestruturadas sob a nova ótica que se desenhou a partir desse ponto.

# 2

## Em busca da teoria:
### em que a dialética pode nos auxiliar?

> *Toda palavra (todo signo) de um texto conduz
> para fora dos limites desse texto.
> A compreensão é o cotejo de um texto com
> outros textos (...) Somente em seu ponto de contato
> é que surge a luz que aclara para trás e para frente,
> fazendo que o texto participe de um diálogo.*
>
> Bakhtin[1]

Como entender a ação social que transformava crianças em alunos, estabelecendo uma quase identidade entre as duas categorias?

Um caminho possível estava em observar as interações no campo de pesquisa a partir de uma perspectiva histórico-cultural, onde o espaço da intersubjetividade poderia permitir compreender, através da mediação, a formação da consciência de si (Vigotski, 2000). Esse processo, entretanto, se desenrolava com tensões nas relações entre as

---

1. Bakhtin, 2002, p. 113.

culturas escolares e as estratégias de poder, bem como das culturas infantis e das táticas de resistência.

Como se davam as ações e as práticas das instituições escolares que poderiam ser tomadas como estratégias de poder voltadas para a conformação das crianças em alunos?

De que maneira as crianças lidavam com o fato de serem, ao mesmo tempo crianças e alunos na Educação Infantil e no Ensino Fundamental? As crianças reagiam? As culturas infantis se traduziam em ações intencionais? De que maneira incorporavam os valores que se configuravam no papel social de aluno?

## Dialética: apropriações

A forma como definimos nossas questões de pesquisa acaba influenciando a metodologia que vamos utilizar e, ao mesmo tempo, a escolha da metodologia influencia a maneira como formulamos essas questões. Podemos afirmar então que a escolha metodológica constrói a questão e decorre dela dialeticamente. Vigotski já apontava para essa relação: "El objeto y el método de investigación mantienen una reación muy estrecha"[2] (1997, p. 47).

Um dos aspectos importantes trazidos pela dialética é a não decomposição do todo em partes separadas como forma de apreendê-lo. Pareceu-me viável confrontar as culturas infantis e escolar presentes nas práticas e nas interações das crianças.

Assumir uma abordagem histórico-cultural implicou em trazer para o debate a multiplicidade de vozes que construíram um discurso que possibilitou abordar o tema em questão, o que diferentes autores produziram que poderia contribuir para nossas perguntas? O que as crianças expressavam em suas falas ou ações? E a escola, como mani-

---

2. O objeto e o método de investigação mantêm uma relação muito estreita. (Tradução livre, 1997, p. 47)

festava suas intenções? Por fim, eu mesma, enquanto pesquisadora, o que dizia disso tudo?

Amorim (2003) fala da polifonia nas ciências humanas e do caráter conflitual e problemático das pesquisas. O discurso como acontecimento torna-se unidade de análise pelo confronto que adquirem os diferentes valores presentes para a produção de sentido. Essa foi a concepção de ciências humanas que me norteou neste trabalho.

Freitas (2002) destaca que nas ciências exatas cabe ao pesquisador contemplar um objeto para conhecê-lo. Ao contrário das ciências humanas, não se estabelece um diálogo entre pesquisador e objeto. A pesquisa, neste caso é monológica. Fazer pesquisa em educação, assumindo o caráter histórico-cultural do seu objeto, tem exigido que o conhecimento seja tomado "como uma construção que se realiza entre sujeitos". (Freitas, 2003, p. 26). O sujeito da pesquisa em ciências humanas fala e, falando, produz sentidos. A pesquisa adquire uma dimensão necessariamente dialógica na qual os textos produzidos farão sentido num dado contexto. "De uma orientação monológica, passa-se a uma perspectiva dialógica" (2002, p. 24).

Para Vigotski o conhecimento é produto da inter-relação, logo a pesquisa também se insere na mesma lógica, trata-se de um processo social que é compartilhado entre aqueles que dela participam. O pesquisador se insere no campo, transforma-o e é por ele transformado e essa interação constitui-se em objeto de análise. O particular, na perspectiva sociocultural, é uma instância da totalidade. Compreender os sujeitos envolvidos na situação é uma possibilidade de interpretação do contexto. É importante tomar como princípio metodológico de investigação da realidade social "a *totalidade concreta*: cada fenômeno é compreendido como um momento do todo e desempenha a função de produtor e de produto" (grifos da autora. Kramer, 2003, p. 34).

Não se trata de uma pesquisa que busque a comprovação de resultados, o que se persegue é a compreensão dos fenômenos na sua complexidade e historicidade. Pois como propõe Kramer, a partir de Benjamin:

Como através da teoria eu posso ter uma certa visibilidade do concreto? Ou ainda, de que maneira pode a insignificância ser visível na teoria sem ser sacrificada na sua diferença? Como pode totalidade e particularidade coexistir vivamente? (2003, p. 42).

O conceito de mônada expressa essa relação entre o mínimo e a totalidade, mundo em miniatura que, segundo Benjamin, possibilita o encontro do pensador com a teoria concretizada no real. Assim:

Quando o pensamento para, bruscamente, numa configuração [*Konstellation*] saturada de tensões, ele lhes comunica um choque, através do qual essa configuração se cristaliza enquanto mônada. O materialista histórico só se aproxima de um objeto histórico quando o confronta enquanto mônada (1985, p. 231).

O estudo do ser humano precisa conjugar as duas perspectivas: a natural e a cultural, foi isso que buscou Vigotski enquanto metodólogo:

Ao considerar que o estudo de situações fundamentalmente novas exige inevitavelmente novos métodos de investigação e análise, olha os problemas humanos na perspectiva da sua relação com a cultura e como produto das interações sociais, percebendo como necessário um reexame dos métodos de pesquisa. (...) propõe, assim, que os fenômenos humanos sejam estudados em seu processo de transformação e mudança, portanto, em seu aspecto histórico (Freitas, 2002, p. 27).

Mais do que os produtos, o pesquisador deve ir à busca da gênese das questões, reconstruindo sua história em busca de uma integração entre os fenômenos individuais observados e os processos sociais dos quais fazem parte. O enfoque sociocultural abre a perspectiva de análise articulada entre o singular e a totalidade.

A proposta deste livro foi trabalhar as questões em três níveis de análise que estão permanentemente se atravessando: no primeiro plano — foco deste capítulo — encontram-se Vigotski[3] e Bakhtin. A escolha

---

3. As grafias Vigotski ou Vygotsky são utilizadas de acordo com a referência bibliográfica citada. A grafia com *i* é um critério adotado pelo Departamento de Línguas Orientais da USP que tem orientado o trabalho de tradutores e editores em todo país.

teórico-metodológica apoiou-se no método dialético e na concepção de linguagem. Vigotski contribuiu também com a ideia de subjetividade fundada na interação entre o sujeito e o outro, através do desenvolvimento de uma esfera cultural decorrente do fato de que os processos intrassubjetivos aconteceram antes intersubjetivamente nas práticas sociais. Essas proposições auxiliam no entendimento da construção da categoria de aluno como um fenômeno que acontece tanto na história da sociedade quanto na história individual de cada sujeito envolvendo dimensões sociais e culturais.

Bakhtin entende que a linguagem é social; ela é necessária para a existência humana. Não é a experiência que organiza a expressão; a expressão precede e organiza a experiência, dando-lhe forma e sentido. O discurso tem sempre um significado e uma direção que são vivos; as palavras contêm valores e forças ideológicas: aqui se situa a abordagem histórica da linguagem. Ao mesmo tempo, a comunicação de significados implica numa relação; sempre nos dirigimos ao outro, e o outro não tem apenas um papel passivo; o interlocutor participa ao atribuir significado à enunciação, ele tem uma atitude responsiva. A ideia de linguagem dá a cultura a sua perspectiva de significação assim "para compreender o enunciado é preciso compreender o dito e o presumido, o dito e o não dito" (Kramer, 2003, p. 78).

A língua é inseparável do fluxo da comunicação verbal, é algo que se constitui continuamente na corrente na comunicação verbal. Dois enunciados distantes um do outro no espaço e no tempo quando confrontados quanto ao seu sentido podem revelar uma relação dialógica que é sempre uma relação de sentido.

O texto de pesquisa retrata um desdobramento "(...) dos lugares enunciativos ao infinito, seu enunciado dialógico merece bem ser chamado de polifônico, pois uma multiplicidade de vozes pode ser ouvida no mesmo lugar" (Amorim, 2002, p. 8). A polifonia do texto permite ouvir várias vozes: a do destinatário suposto, a do destinatário real e a do sobredestinatário, que permite uma expansão espacial e temporal do texto. Do ponto de vista do objeto há também o que escutar: Amorim destaca o fato de que tudo já foi falado sob alguma perspectiva. O discurso não é inaugural. O texto responde àqueles que o antecederam naquela temática e se propõe a acrescentar algo de novo.

> O objeto específico das Ciências Humanas é o discurso ou, num sentido mais amplo, a matéria significante. O objeto é um sujeito produtor de discurso e é com seu discurso que lida o pesquisador. Discurso sobre discursos, as Ciências Humanas têm portanto essa especificidade de ter um objeto não apenas falado, como em todas as outras disciplinas, mas também um objeto falante (2002, p. 10).

Por fim, há ainda a voz do autor que não se confunde com a do locutor (ou da pesquisadora, neste caso), que é sempre um personagem entre tantos outros. O autor, na realidade, representa um lugar enunciativo, um conhecimento que se expressa no encontro entre a forma e o conteúdo do texto. A possibilidade de separação entre o autor e o locutor estabelece a possibilidade de análise.

Importa ainda destacar que toda escrita é uma impossibilidade enquanto transcrição real do sentido que o discurso apresenta na situação de campo. O que se pode reencontrar é a significação. Amorim (2002, p. 17) explicita a distinção que Bakhtin estabelece entre significação e sentido. Este último é dialógico e da ordem do acontecimento, portanto, irrepetível.

## Contribuições da psicologia sociocultural

Tomo Vigotski na pesquisa, não tanto como pensador da subjetividade humana, mas como um metodólogo que propõe a dialética como metodologia para pensar os fenômenos sociais e humanos, suas contribuições principais para este estudo são as reflexões a respeito do método e a concepção de consciência que constrói a partir da dialética.

A dialética assume papel crucial na pesquisa histórico-cultural, uma vez que supera uma maneira dualista de ver o homem. As dimensões psicológica e social são articuladas de forma dinâmica num sujeito que fala. O materialismo histórico permite que se veja o homem criando suas próprias condições de existência e se libertando do determinismo do meio ambiente.

## A dialética em Vigotski

Para aqueles que pretendem seguir essa referência metodológica no Brasil, Angel Pino é um autor de extrema importância. Em seu artigo "O social e o cultural na obra de Vigotski" (2000b), ele busca analisar o significado que esses termos têm para o autor a partir do conceito de história proposto no *Manuscrito de 1929* Vigotski, (2000a). Ele sugere que, se fosse possível sintetizar as contribuições à compreensão do ser humano, seriam dois os eixos básicos: de um lado o desenvolvimento como um processo histórico e de outro o psiquismo em sua natureza cultural. Ambos bastante relevantes para as questões que pretendo abordar. A ideia de história aparece a partir da abordagem materialista dialética, onde a realidade se concretiza num processo de gênese e desenvolvimento. A natureza possui duas dimensões: uma ontológica e outra histórica, e é nesta última que o ser humano se insere.

> Asi pues, la investigación histórica de la conducta no es algo que complementa o ayuda el estúdio teórico, sino que constituye su fundamento. (...) La conducta sólo puede ser comprendida como historia de la conducta. Esta es la verdadera concepción dialéctica en psicología[4] (Vigotski, 1997, p. 68).

Uma vez que toda função psicológica foi antes uma relação entre duas pessoas, há um vínculo intrínseco entre essas categorias, embora seja necessário precisar o contexto histórico no qual são utilizados.

---

4. Assim, a pesquisa histórica sobre o comportamento humano não é algo que complementa ou ajuda o estudo teórico, mas é a sua base. (...) O comportamento só pode ser entendido como uma história do comportamento. Esta é a verdadeira concepção dialética em psicologia. (Tradução livre, Vigotski, 1997, p. 68)

Discutir a natureza do social e a maneira como ele se torna constitutivo de um ser cultural é, sem dúvida alguma, um detalhe muito importante da obra de Vigotski, o qual merece uma atenção especial (Pino, 2000b, p. 47).

O papel da escolarização pode ser pensado então como fornecendo uma contribuição significativa na configuração desse sujeito cultural. Nosso modelo de educação básica propõe a permanência das crianças nas escolas durante pelo menos doze anos de suas vidas. As relações sociais lá estabelecidas serão de extrema importância para as suas subjetividades. Pino chega a identificar que o desenvolvimento humano e a educação constituem dois aspectos de uma mesma coisa.

> (...) a educação não é um mero *valor agregado* à pessoa em formação. Ela é *constitutiva* da pessoa. É o processo pelo qual, através da medição social, o indivíduo internaliza a cultura e se constitui em *ser humano* (Pino, 2000a, p. 57. Grifos do autor).

A concepção teórica por trás do arcabouço vigotskiano é o da dialética materialista, que não se confunde com a dialética idealista hegeliana, pois se apoia em Marx, para quem a história é a única ciência, já que toda a produção de conhecimento, em qualquer área, é necessariamente produto das condições que a produziram.

> (...) dizer que a ciência é histórica (...) equivale a dizer que ela é produto da atividade humana. (...) pode-se dizer que a ciência é a natureza pensada pelo homem que, dessa maneira, passa a integrar a *história humana* (grifo do autor) na forma de ciência da natureza. A natureza em si mesma não tem história (Pino, 2000b, p. 49).

O materialismo dialético é simultaneamente método e teoria. O objeto do conhecimento é o real, mas não o real em si e sim aquele transformado pela ação humana. Essa noção aproxima-se da relação entre natureza e cultura, não como um dualismo, mas como um processo de transformação que mantém uma na outra. Essa é a história humana, "(...) a da passagem da ordem da natureza à ordem da cultura" (Pino, 2000b, p. 51).

Tratando, então, do sentido que adquire o conceito de *social* na obra de Vigotski, Pino mostra que a primeira grande inovação está na inversão da ordem proposta pela psicologia clássica que buscava entender como os indivíduos se adaptavam às práticas sociais, como se tivéssemos aqui fenômenos de natureza diferente — o individual e o social. A questão deve ser formulada de outra maneira, no ser humano ocorre a "conversão das relações sociais em funções mentais" (Vigotski, 1997, p. 106):

> No lugar de nos perguntar como a criança se comporta no meio social (...) devemos perguntar como o meio social age na criança para criar nela as funções superiores de origem e naturezas sociais (Vigotski, 1989, p. 61, apud Pino, 2000b, p. 52).

Há ainda uma função do social extremamente importante: ela permite a construção da subjetividade. O sentido de relações sociais é o marxista, assim elas devem ser tomadas como decorrentes do modo de ser dos homens e dos seus modos de produção. A noção de consciência é aquela que ao alterar o meio natural, altera-se a si mesma.

Percebe-se em Vigotski uma preocupação em encontrar um método de pesquisa capaz de dar conta da dimensão histórica do desenvolvimento humano. Para tal, se deve privilegiar a análise dos processos ao invés da dos objetos. Isso requer a exposição dinâmica dos principais pontos da história dos processos, especialmente dos processos psicológicos. Não é a psicologia experimental, mas a psicologia do desenvolvimento que fornece essa análise. Focalizando o processo, ela busca compreender mudanças, evoluções para revelar a sua gênese ou suas bases dinâmico-causais. O desenvolvimento deve ser visto como cultural, revelando-se como o processo pelo qual a criança se apropria das significações que sua sociedade atribui às coisas, sem esquecer que esse desenvolvimento vai acontecer dentro de suas condições reais de existência. "Falar de desenvolvimento cultural da criança (...) é falar da construção de uma história pessoal no interior da história social" (Pino, 2005, p. 158).

A explicação metodológica de Vigotski na elaboração de uma psicologia marxista se dá na busca da categoria de análise que permitisse a manutenção da totalidade na parte analisada. A chave do problema está, para Vigotski, no significado da palavra que traz em si a tensão dialética entre o pensamento e a linguagem. Sua proposição é "substituir o método de decomposição em elementos pelo método de análise que desmembra em unidades" (2001, p. 8).

O ser humano se constitui na relação que estabelece com o outro. Cabe observar que a interação social é um processo no qual as dimensões cognitiva e afetiva não podem ser dissociadas. Interagindo, as crianças não apenas apreendem e se formam, mas também, criam e transformam — o que as torna constituídas na cultura e suas produtoras. Essa concepção implica em percebê-las como sujeitos ativos que participam e intervêm na realidade ao seu redor. Suas ações são suas maneiras de reelaborar e recriar o mundo. Aos adultos cabe a importante função de mediação. Jobim e Souza (2001) diz que:

> (...) estudar a constituição da consciência na infância não se resume em analisar o mundo interno em si mesmo, mas sim em resgatar o reflexo do mundo externo no mundo interno, ou seja a interação da criança com a realidade (p. 126).

Assim, esses processos, essencialmente humanos, que se manifestam na infância, vão construir realidades individuais e históricas que se traduzem na subjetividade de cada um. Como isso ocorre?

## A subjetividade segundo a psicologia sociocultural

A constituição do sujeito é um tema caro às várias correntes da psicologia, cada uma analisando a questão a partir de pressupostos teóricos que trazem, como pano de fundo, aspectos epistemológicos próprios e, em certa medida, definidores de tais teorias.

Vigotski se propôs a resolver a crise da psicologia de sua época, refém de dualismos — mente/corpo, espírito/matéria, individual/social —, e elaborou uma teoria que enfatizava o papel da realidade social na formação do sujeito, através da ação do grupo social e de sua cultura, permeados pela história. Para Molon, houve a construção de um novo olhar que:

> (...) acreditou que o eixo teórico-metodológico da psicologia, necessariamente, passaria pelo reconhecimento e valoração do sujeito. Criticou tanto as psicologias subjetivistas idealistas quanto as psicologias objetivistas mecanicistas, defendendo a unidade entre a psique e o comportamento, unidade mas não identidade, e a correlação entre fenômeno subjetivo e fenômeno objetivo (2003, p. 18).

O conceito de subjetividade que orientava a psicologia do final do século XIX estava ligado às ideias liberais da época que privilegiavam uma interioridade e a construção do indivíduo moderno. Tal visão, se por um lado privatizava a subjetividade, por outro, conferia-lhe uma abstração e um desvinculamento das suas condições concretas. Restava à psicologia uma abstração não acessível em oposição ao comportamento observável; foi aí que se perdeu o seu objeto: a subjetividade. Vigotski evidencia essas contradições e propõe uma psicologia que analise a constituição do sujeito inserido na sua história e sua cultura, entendendo que sujeito e subjetividade são constituídos e constituintes nas e pelas relações sociais.

O processo de apropriação dos significados sociais ocorre desde o nascimento da criança. Como o sujeito se constitui na relação, sua consciência é simultaneamente a fonte dos signos e seu produto. Assim, o desenvolvimento cognitivo do indivíduo se dá através de diferentes formas que envolvem processos mentais distintos, como o de formação de conceitos que tem início na infância e assume sua forma final na puberdade.

A formação de conceitos envolve todas as funções mentais superiores e é um processo mediado por signos, que constituem o meio para sua aquisição. Isto é, no que se refere à formação de conceitos, o mediador é a palavra, ela é o meio para centrar ativamente a atenção, abstrair determinados traços, sintetizá-los e simbolizá-los por meio de algum signo.

> Não é simplesmente o conteúdo de uma palavra que se altera, mas o modo pelo qual a realidade é generalizada e refletida em uma palavra (...). O pensamento não é simplesmente expresso em palavras: é por meio delas que ele passa a existir (Freitas, 2002, p. 94-95).

Esse processo pressupõe um sujeito, nem apenas receptivo, nem apenas ativo, que vai elaborar os seus conhecimentos pela presença do outro, de forma dialógica. A noção de mediação explicita o processo de pensamento presente em situações de desafio quando o sujeito recorre a outros signos como "atividade mediada". A fala seria um dos signos mais importantes na mediação do desenvolvimento. As manifestações de linguagem trariam uma função organizadora que permitiria ao sujeito compreender o mundo através das palavras. Esse conceito apresenta duas dimensões: uma instrumental e outra semiótica. Trata-se de um conceito central na perspectiva sociocultural, pois é definido pelo contexto concreto dos sujeitos inseridos numa dada sociedade com as suas práticas culturais. Assim, podemos afirmar que somos, também, o produto dos processos mediacionais de nossa cultura. No desenvolvimento de sua teoria, Vigotski procurou estabelecer um elemento que possibilitasse a relação entre o que está nos ambientes das interações e os processos psicológicos, que fosse equivalente à unidade de trabalho no fazer humano. As influências do marxismo trouxeram para a teoria vigotskiana a ideia do "instrumento" como aquele que media a ação humana em seu contato com a natureza. A essa mediação instrumental se segue uma transformação do pensar, na atividade psicológica. Cabe à palavra essa dimensão instrumental. É ela que, ao ser enunciada, carrega consigo os significados do contexto histórico de seu uso e do contexto da interação em que é utilizada para comunicar e construir significações. Essa dimensão seria a da mediação simbólica (ou semiótica), já que tem a palavra como elemento mediador da transformação da consciência, enquanto reflexão e controle de si e das atividades desenvolvidas.

O papel do outro, por sua vez, é fundamental tanto na constituição do eu, quanto no desenvolvimento e aprendizagens que o sujeito fará ao longo da vida. A discussão sobre o sujeito que emerge dessa concepção vai permear a discussão a seguir. Qual é o grau de assujeitamento no discurso ou de autonomia na linguagem que esse sujeito apresenta? Essa é uma tensão possível de ser superada? Para Pino, há uma ação do sujeito na apropriação das significações produzidas em seu meio social:

> (...) os processos de significação são aquilo que possibilita que a criança se transforme sob a ação da cultura, ao mesmo tempo que esta adquire a forma e a dimensão que lhe confere a criança, pois a partir do que a sociedade lhes propõe (impõe?) adquirem o sentido que elas têm para a criança (2005, p. 150).

Em síntese, a partir da discussão dos processos de mediação e internalização, vamos tratar da produção desse sujeito que aprende e se desenvolve, constituindo um *eu* a partir de outros *eus*, logo uma subjetividade necessariamente dialógica. A concepção de sujeito que nos orienta baseia-se na compreensão de que as pessoas são construídas na linguagem. A partir daí, a dimensão social assume importância vital para a construção da subjetividade. O outro é constitutivo tanto do sujeito do inconsciente quanto da consciência de cada um. Penso, com Bakhtin, que o discurso do outro tornado palavra própria transforma-se no próprio discurso. Entender os processos que se situam nesse espaço entre sujeitos — a intersubjetividade — pode se tornar ferramenta preciosa para a compreensão das crianças sobre as quais a escola atua para, progressivamente, transformá-las em alunos.

O papel da escola na formação da consciência de si do aluno é revelador do processo que se estabelece ali, daí a importância de estudá-lo em seus princípios, observando a transição, às vezes nem tão gradual, da Educação Infantil ao Ensino Fundamental. Estudar esse fenômeno historicamente, ou em seu desenvolvimento, requer o duplo movimento de identificar na história a gênese da cultura escolar e a construção do aluno, bem como identificar esse processo nas pessoas concretas, crianças, sujeitos desta pesquisa.

A possibilidade de encontrar elementos de análise que possibilitem equacionar as contradições parece estar no campo da linguagem. A transformação da realidade intersubjetiva em intrasubjetiva é a solução dialética que conjuga realidade externa e interna. A subjetividade como produto das mediações sociais, através de um outro, via linguagem, seria a síntese superadora, como afirma Freitas (2001), entre objetividade e subjetividade. O signo é o elemento capaz de transitar nas duas dimensões, já que se constitui simultaneamente numa construção subjetiva compartilhada — através da atribuição de sentidos no contexto — e uma construção individual subjetiva que se dá pela internalização da realidade externa na constituição da consciência e, portanto, na atribuição de sentidos próprios e pessoais.

Tomar a linguagem — expressão da subjetividade construída culturalmente — como unidade de análise permite a abordagem dialética da questão. A subjetividade é produto, dentre outros aspectos, da consciência de si e dos papéis que o sujeito desempenha, talvez nela possamos operar de maneira efetiva com o método dialético que nos propusemos a seguir.

Para superar a concepção de sujeito abstrato podemos tomar a individualidade como processo que se origina no social e que tem na sua singularidade, a forma própria de relacionamento entre o sujeito e o outro internalizado. A natureza cultural do homem revela uma subjetividade — expressão da realidade de cada um — como reconstituição na esfera do privado, da intersubjetividade que se dá no plano das relações eu-outro. Para Pino (1996) este seria o lugar das negociações dos mundos de significações privado e público.

O desenvolvimento psicológico da criança é, dessa maneira, um fenômeno cultural, que pressupõe uma apropriação dos significados atribuídos às coisas e às ações, tal como visto no exemplo do apontar:

> Inicialmente, esse gesto não é nada mais que do que uma tentativa sem sucesso de pegar alguma coisa, um movimento dirigido para um certo objeto, que desencadeia a atividade de aproximação. A criança tenta pegar um objeto colocado além de seu alcance; suas mãos, esticadas em movimentos que lembram o pegar. (...) Quando a mãe vem em ajuda da criança, e nota que o seu movimento indica alguma coisa, a situação muda fundamentalmente. O apontar torna-se um gesto para os outros. A tentativa malsucedida da criança engendra uma reação, não do objeto que ela procura, mas de uma outra pessoa. Consequentemente, o significado primário daquele movimento malsucedido de pegar é estabelecido por outros (Vigotski, 2000b, p. 63-64).

Através da mediação do outro, a criança vai se transformando de ser biológico em ser cultural. Pino (2005) denomina esse processo de nascimento cultural. Nesse contexto, Vigotski enfatiza que a gênese da constituição humana é histórico-cultural, tornando-se a cultura parte integrante da *natureza humana* e categoria central de uma nova concepção de desenvolvimento psicológico.

Não há diluição do sujeito no outro ou nas relações sociais, antes, pelo contrário, é justamente nessa relação que ele vai adquirir sua singularidade. Ser constituído pelo outro é contar com ele para o próprio reconhecimento do eu.

> A subjetividade manifesta-se, revela-se, converte-se, materializa-se e objetiva-se no sujeito. Ela é processo que não se cristaliza, não se torna condição nem estado estático e nem existe como algo em si, abstrato e imutável. É permanentemente constituinte e constituída. Está na interface do psicológico e das relações sociais (Molon, 2003, p. 68).

A dimensão dialética da relação eu-outro, intrassubjetivo-intersubjetivo é o aspecto a ser preservado na análise da subjetividade, assegurando a sua natureza histórica e cultural.

# Bakhtin: interações e diálogos na construção discursiva

Bakhtin preocupava-se em encontrar uma formulação que superasse o objetivismo abstrato e o subjetivismo idealista no estudo da linguagem coerente com o marxismo. Buscou entender as relações entre sujeito e sociedade de maneira dialética, porém elegeu como seu elemento de análise a filosofia da linguagem. "(...) toda tomada de consciência implica discurso interior, entoação interior e estilo interior..." (Bakhtin, 2002, p. 114). A subjetividade é, também, um território social. A ideologia e a psicologia puderam ser articuladas através da concepção de signo linguístico como um signo social e ideológico que possibilita que a consciência individual esteja relacionada à interação social.

Um signo não existe apenas como parte de uma realidade: ele também reflete e refrata outra. Cada signo é simultaneamente um reflexo da realidade e seu fragmento material, logo elemento do mundo exterior (Bakhtin, 2002, p. 32). A consciência só se materializa nos signos; do contrário, é uma ficção. A palavra é, então, material maleável e se expressa no corpo.

O objeto real e material para entender o fenômeno da linguagem humana é o exercício da fala em sociedade. A língua falada é o que se oferece para o estudo. A língua — objeto da linguística para Saussure — não passaria de um modelo abstrato, construído a partir da linguagem viva e real. As origens filosóficas explicam a divergência; enquanto Saussure produzia seu conhecimento num contexto positivista que se preocupava com medidas e manipulação, Bakhtin construía seu pensamento na Rússia leninista e stalinista, o que, de cara, se revelava um problema: elaborar uma teoria marxista independente do marxismo oficial.

A opção de Bakhtin pelo movimento e pela transformação o leva analisar um objeto que não se submete a uma forma imutável ou fixa. Se para Saussure (2006) o signo era uma relação entre um significante (som, imagem acústica, grafema) e um significado (conceito), para

Bakhtin, este último se configurava como uma impossibilidade teórica, já que o signo terá tantas significações quantas forem suas situações de uso. Assim, a unidade básica da linguagem não poderia ser o signo, mas um enunciado concreto que não prescinde dos sujeitos reais do discurso. Cada enunciado é único e irrepetível e é sempre um acontecimento que demanda um outro de quem se supõe uma atitude responsiva. Esse enunciado é a unidade básica da teoria enunciativa de Bakhtin.

## A dialogicidade e a construção da pesquisa

Nessa perspectiva, toda enunciação é um diálogo que faz parte de um processo contínuo. O que é dito sempre responde a uma fala anterior e permitirá a sua réplica. O discurso é parte componente de um diálogo que reflete a interação de alguém que enuncia com um interlocutor num dado contexto.

> (...) toda palavra comporta duas faces. Ela é determinada tanto pelo fato de que procede de alguém, como pelo fato de que se dirige a alguém (...) a palavra é uma espécie de ponte lançada entre mim e os outros (Bakhtin, 2002, p. 113).

Faraco (2003) chama atenção para o fato de que, menos do que o diálogo em si, interessam ao círculo bakhtiniano[5] as relações dialógicas que nele se manifestam. Isso significa dizer que podem ser tomados como diálogos os mais variados textos, discursos ou práticas, como eventos que estão sujeitos à ação de forças dialógicas. Essa ideia será o fundamento para analisar os "discursos" da cultura escolar e das

---

5. Grupo de intelectuais russos que, junto com Bakhtin, dividem a possível autoria de alguns de seus escritos. Entre os principais membros do círculo, destacavam-se Matvei Kagan, Pavel Medvedev e Valentin Voloshinov. O grupo se dissolveu em 1929, devido a perseguições políticas, que culminaram no desaparecimento de vários membros e no exílio de Bakhtin no interior da Rússia.

culturas infantis, buscando identificar como eles dialogam nas práticas observadas na escola. Essa aproximação vai de encontro às ideias bakhtinianas sobre as relações dialógicas, que são relações de sentidos entre enunciados que tem como referência o todo da interação verbal. Essas relações são antes de tensão do que de acordo ou consenso. Assim, ao aproximarmos enunciados que eventualmente não tenham se dirigido, a princípio, um ao outro, ainda assim, eles "acabam por estabelecer uma relação dialógica" (Bakhtin, 1997, p. 117). Isso ocorre porque os enunciados e os valores que expressam são a unidade da interação social a ser analisada.

> Assim, o diálogo no sentido amplo do termo ("o simpósio universal" — grifo do autor), deve ser entendido como um vasto espaço de luta entre as vozes sociais (uma espécie de guerra dos discursos) (Faraco, 2003, p. 67).

Todo enunciado é sempre uma resposta a um enunciado anterior. O locutor se relaciona ao mesmo tempo com o objeto da enunciação e com outros enunciados. Há uma busca implícita ou explícita por uma atitude responsiva do outro. "Ter um destinatário, dirigir-se a alguém, é uma particularidade constitutiva do enunciado, sem a qual não há, e não poderia haver enunciado" (Bakhtin, 2000, p. 325). Aquele para quem se dirige o discurso — o destinatário — é parte ativa da cadeia discursiva, pois dá uma direção ao que é dito pela expectativa da sua resposta. A forma que toma o enunciado está relacionada a isso. O destinatário é chamado a se posicionar, pois o locutor espera dele uma resposta.

> (...) cedo ou tarde, o que foi ouvido e compreendido de modo ativo encontrará um eco no discurso ou no comportamento subsequente do ouvinte (Bakhtin, 2000, p. 291).

O falante constitui sua subjetividade considerando o outro; orienta sua fala a partir do interlocutor. Esse processo funciona como um espelho em que o falante busca refletir-se. Quando o sujeito falante entra nessa corrente ideológica constrói a sua visão de mundo e sua própria subjetividade. Assim, se torna inviável pensar a existência humana fora do seu espaço de inter-relações, entendendo a comunicação como objetivo primário da linguagem, anterior mesmo à elaboração, que se torna possível devido à sua mediação.

Há ainda um terceiro participante do diálogo: o sobredestinatário, cuja responsividade não é presumida pelo locutor. Esse elemento possibilita que o discurso possa ressonar num momento histórico diferente da enunciação. Ele atua de forma invisível, porém é dotado de uma compreensão responsiva e está situado acima dos participantes do diálogo. A sua presença se deduz da possibilidade de aproximação entre enunciados separados no espaço ou no tempo e que se revelam em relação dialógica mediante uma confrontação de sentido.

Há uma tripla dimensão na dialogicidade: "(...) todo dizer não pode deixar de se orientar para o já dito (...) todo dizer é orientado para a resposta (...) todo dizer é internamente dialogicizado." (Faraco, 2003, p. 58). Assim, poucas são as falas inaugurais, originadas em si mesmas ou em uma ideia inédita. Não há, sob esta perspectiva, obra de todo original, de autoria singular, não marcada por outras produções. Os discursos e produções são formados pelas palavras que já foram ouvidas, pelo que já foi lido ou visto, enfim, pela história que já foi vivida. De uma forma geral, há uma continuidade quase narrativa nos discursos, que respondem a uma palavra anterior.

A dialogia e a alteridade refletem nos três planos: da vida, do conhecimento e da arte. Há consequências éticas na pesquisa com crianças da adoção deste referencial teórico:

> História, sociedade e cultura vão se delineando como categorias importantes para se reconceber a infância, e a própria infância passa a ocupar esse outro lugar em uma concepção de história que se vê e se quer crítica. Fica instaurada uma nova ruptura conceitual, no entendimento da infância, que tem nítidas repercussões para a prática de pesquisa. Nessa ruptura, a linguagem irá desempenhar papel central (Kramer, 2002, p. 46).

O uso de imagens autorizadas, os nomes verdadeiros, a identificação da escola pesquisada, todos esses aspectos devem ser analisados sob esse enfoque. Há que se conceder autoria aos autores, voz às crianças que falam através do texto de pesquisa, crédito às instituições que corajosamente abrem suas portas para a produção de conhecimento, respeito aos professores que concordam em ser observados. Porém, antes de qualquer coisa, é essencial ter em conta a segurança e o bem-estar dos sujeitos envolvidos. Sempre que uma pesquisa puder trazer alguma espécie de risco ou dano, as opções metodológicas devem ser revistas, a dimensão ética deve estar sempre em primeiro plano.

O autor-contemplador, esse que agora escreve, é uma categoria que, tal como o sobredestinatário do discurso, permite um acabamento estético para além do momento vivido.

> Também o autor-contemplador necessita de distância — é a sua exotopia que, ao fim e ao cabo, atualiza o objeto estético. Em páginas instigantes Bakhtin desenvolve o esboço de uma classificação do espectador como entidade estética, tomando como referência o teatro — talvez porque, no teatro, seja didaticamente mais visível ainda o fato de que é o olhar do espectador que cria o objeto, lhe dá uma unidade e um acabamento que nenhum de seus atores, vivendo a peça, isoladamente, é capaz de ter (Tezza, 1995, s.p.).

O conceito de exotopia se torna um elemento constituinte da pesquisa em ciências humanas. O pesquisador, tal como o autor-contemplador constrói seu sujeito por aquilo que dele pode ver, passeia no seu lugar, tenta dar sentido ao mundo de lá, buscando a lógica do sujeito observado. Depois, retorna ao seu ponto de partida, não mais o mesmo, pois que transformado pela experiência vivida, para então pronunciar um discurso que pretende dar significado ao que foi experimentado. A exotopia, porém, não se limita a um conceito espacial, ela é simultaneamente uma categoria temporal. O excedente de visão é possível dado o afastamento no espaço e no tempo. Ele permite dar ao outro uma forma e um acabamento que jamais podemos ter por conta própria.

Quando contemplo um homem situado fora de mim e à minha frente, nossos horizontes concretos, tais como são efetivamente vividos por nós dois, não coincidem. Por mais perto de mim que possa estar esse outro, sempre verei e saberei algo que ele próprio, na posição que ocupa, e que o situa fora de mim e à minha frente, não pode ver: as partes de seu corpo inacessíveis ao seu próprio olhar (...) o mundo ao qual ele dá as costas, toda uma série de objetos e de relações que, em função da respectiva relação em que podemos situar-nos, são acessíveis a mim e inacessíveis a ele (...) (Bakhtin, 2000, p. 43).

## O sujeito bakhtiniano e a alteridade

A subjetividade é, também, um território social. A ideologia e a psicologia puderam ser articuladas através da concepção de signo linguístico como um signo social e ideológico que possibilita que a consciência individual esteja relacionada à interação social. A palavra é, então, material maleável e se expressa no corpo.

Sobral (2005) destaca que o sujeito bakhtiniano é o resultado de uma negociação entre sua sobreposição à sua inserção social e sua submissão ao ambiente sociocultural. "Tanto um sujeito fonte do sentido, como um sujeito assujeitado." (p. 22). Há uma interminável referência ao *outro* que constitui o *eu*, que é para ele, seu *outro*. A inserção no plano relacional dá sentido às subjetividades construídas.

Essa concepção de sujeito traz em si as consequências éticas das decisões tomadas na vida concreta, pois ele não se trata de um "fantoche das relações sociais" (Sobral, 2005, p. 24), mas de alguém capaz de organizar seus discursos e de assumir uma atitude responsiva frente ao outro. Alteridade que se faz presente também nas vozes que fundam a arena linguística na qual se enfrentam. Aqui temos a polifonia, o dialogismo, a pluralidade que fazem do sujeito humano um objeto que se dá a conhecer pelos seus textos, seus discursos.

Em *Marxismo e Filosofia da Linguagem*, Bakhtin/Volochinov, traz o conceito de que o sujeito se constitui e é constituído na palavra. Não existem pensamento e linguagem inatos. A atividade mental do sujeito é profundamente marcada pelo campo social, pois a palavra e o material semiótico, produzidos na interação, são elementos determinantes para a organização do pensamento que, posteriormente, retorna ao campo social. Em razão dessa sobredeterminação social e histórica, que perpassa tanto os sujeitos quanto as palavras, a significação da palavra somente se dará no acontecimento enunciativo que ultrapassa a significação registrada no dicionário. Assim, a palavra é constitutiva tanto da consciência quanto do desenvolvimento humano, cabendo à linguagem a responsabilidade pela constituição dos sujeitos sociais.

A temática da alteridade é reveladora das possibilidades de produção de pesquisa em ciências humanas, ao mesmo tempo em que é tomada como condição essencial da constituição do humano. A consciência de si depende do outro para se estabelecer. O *eu* não se constitui isoladamente, ele existe em relação dialética com aquilo que é outro, que lhe proporciona o acabamento. Apenas ao outro é dado ver-me, e minha percepção de mim mesmo só se torna possível pela sua mediação que fornece um acabamento através de uma estética decorrente do movimento de aproximar-se e afastar-se retornando ao ponto inicial, modificado pela experiência de ter vivido uma dada realidade pela ótica daquele a quem tento dar um acabamento. Jobim e Souza (2003) define exotopia como:

> o fato de uma consciência estar fora de outra, de uma consciência ver a outra como um todo, o que ela não pode fazer consigo própria. (...) Cada um de nós se encontra na fronteira do mundo que vê ( p. 83).

A consciência tem caráter social. Ela se constrói nessa relação necessária entre o eu e o outro. Tomar consciência de si é produto dessa relação que é internalizada através da linguagem do outro com suas entonações e seus valores. A consciência, no entanto, se funda num esquecimento: o eu esquece que as palavras que lhe deram sentido foram inicialmente as palavras dos outros internalizadas inicialmente como palavra pessoal-alheia, em seguida como palavras-próprias

A palavra do outro torna-se anônima, familiar (numa forma reestruturada, claro); a consciência se monologiza. Esquece-se completamente a relação dialógica original com a palavra do outro: esta relação parece incorporar-se, assimilar-se à palavra do outro tornada familiar (tendo passado pela fase da palavra 'pessoal alheia'). A consciência criadora, durante a monologização, completa-se com palavras anônimas. (...) Depois, a consciência monologizada, na sua qualidade de todo único e singular, insere-se num novo diálogo (daí em diante, com novas vozes do outro, externas). Com frequência, a consciência criadora monologizada, unifica e personaliza as palavras do outro, tornadas vozes do outro anônimas... (Bakhtin, 2000, p. 406).

## Entrelaçando os discursos: um diálogo em torno da ideia de subjetividade

As proposições bakhtinianas foram tomadas para pensarmos a constituição da subjetividade do aluno, inserido num discurso que se configura como uma "cultura escolar". As culturas da infância assumem esse discurso como "palavras próprias"? Como se dá a tensão entre as palavras alheias e as palavras pessoais?

Quem é esse sujeito — criança e aluno — que se constitui nas práticas escolares?

É necessário um sujeito para haver enunciação. As diferentes concepções que atravessaram a formulação da subjetividade ajudam a entender o que e como fala. É necessário um recuo ao sujeito cartesiano que marcou por muito tempo essa concepção até sua desconstrução pela psicanálise e os questionamentos da filosofia, para enfim chegarmos ao modelo de Vigotski, que reconhece dialeticamente a dimensão social e individual ali presentes.

A partir do modelo cartesiano que dividia o conhecimento do universo em duas categorias de natureza distinta: o conhecimento objetivo, científico relativo ao mundo dos objetos; e o conhecimento intuitivo e reflexivo, que permitia acesso ao mundo dos sujeitos. Essa concepção gerou uma tensão entre a filosofia e a ciência, de tal modo que, embora o sujeito tenha sido alçado à condição de acesso à verdade, ele foi excluído, enquanto sujeito ativo, do campo da ciência, objetiva e racionalmente comprovável, não cabendo aí a interferência da subjetividade. O sujeito da consciência fundado no cogito cartesiano se estabeleceu como pressuposto de um sujeito da interioridade e da racionalidade.

Ao desvelar o inconsciente, a psicanálise promoveu a primeira grande ruptura com essa concepção de sujeito ancorado na racionalidade e na interioridade. Freud subverteu a noção tradicional de sujeito pensante e revelou a importância da lei externa sobre o indivíduo. Ao ligar a lei (princípio de realidade) ao desejo (princípio do prazer), desconstruiu o papel central atribuído à consciência e produziu uma teoria de constituição do sujeito. Assim,

> Formulou-se no discurso freudiano a concepção de que o sujeito é necessariamente dialógico, isto é, uma modalidade de sujeito que se constituiu apenas pelo outro e através do outro. O que implica enunciar que não existe qualquer possibilidade de representar o sujeito como uma mônada fechada, como uma interioridade absoluta, pois a interioridade subjetiva remete sempre para a exterioridade do outro (Birman, 1994, p. 37).

A subjetividade, dessa maneira é produto de processos psíquicos inconscientes formados por meio do registro de uma linguagem dialógica que se processa na história, na medida em que o outro, como linguagem e como ser, é o contraponto fundante do sujeito.

Freud contribuiu de maneira significativa para desconstruir a ilusão da modernidade ancorada na imagem racionalista do sujeito e na ideia da relação entre a liberdade do homem e o progresso da humanidade. A ciência moderna e sua concepção de sujeito tornaram-se objetos de reflexões críticas, como as de Foucault (1977, p. 32) sobre a ideia de que a ciência possibilitaria o progresso da sociedade e sobre a ambiguidade presente na noção de sujeito da ciência moderna. Foucault (1992) mostrou os desdobramentos do poder disciplinar que tinha

DE CRIANÇAS A ALUNOS

como base a regulação e a vigilância do indivíduo e do corpo e converteu a noção de sujeito em fenômeno metodológico e substantivo ao propor que não tomemos a subjetividade como um dado, mas como uma construção histórico-discursiva, como uma posição entre outras. Para ele, o lugar do sujeito não seria identitário e racional e valeria a pena ver:

> a constituição de um sujeito que não é dado definitivamente, que não é aquilo a partir do que a verdade se dá na história, mas de um sujeito que se constitui no interior mesmo da história, e que é a cada instante fundado e refundado pela história (p. 7).

Freud e Foucault pensam o sujeito como construção social e histórica. A partir desse ponto e avançando em sua discussão teórica, vamos esclarecer como a perspectiva sociocultural concebe a subjetividade, Freitas (2001) recorre à constituição do indivíduo moderno e da psicologia como ciência: ali, a experiência subjetiva era pensada como individual, privada e universal. Porém, como já visto, a modernidade trouxe consigo questionamentos a partir de suas próprias contradições: "O século XIX consolidou a experiência da subjetividade privatizada e, ao mesmo tempo, a crise dessa subjetividade" (p. 4).

Como articular as esferas do individual — campo do psicológico ou subjetivo — e a do social, histórica e objetiva? Essas noções são construídas na história, logo as suas contradições também podem ser compreendidas nessa linha, especialmente aquela que nega a relação entre objetividade e subjetividade. A subjetividade é constituída através de mediações sociais, o que exige necessariamente um outro que se faz presente pela linguagem. É nessa troca permanente que a subjetividade se constrói na interação entre interno e externo, individual e social, no compartilhar dos significados.

Consubstancia-se na linguagem a síntese superadora entre objetividade e subjetividade, pois o signo, *produto social*, criado por um grupo culturalmente organizado, designa a realidade objetiva sendo ao mesmo tempo uma *construção subjetiva compartilhada* por diferentes indivíduos através da atribuição de significados e também uma *construção subjetiva individual*, que se realiza pela internalização (grifos da autora). A internalização é um processo de reconstrução interna de uma atividade externa. Reconstrução essa que consiste na apropriação do significado construído socialmente e transformado pelo sujeito num sentido pessoal, portanto próprio (Freitas, 2001).

Vimos com Vigotski (1998) que o processo de significação apresenta uma dupla referência semântica: o significado e o sentido. O significado de uma palavra é mais estável e preciso já que é convencional e dicionarizado, enquanto seu sentido é dinâmico, podendo ser modificado de acordo com o contexto, produto que é da interação. Diferentes contextos apresentam diferentes sentidos para uma mesma palavra. O sentido se constrói na dinâmica dialógica.

O sujeito é constituído pelas significações culturais produzidas a partir do momento em que os sujeitos se relacionam produzindo sentidos. Assim, só existe significação quando ela ocorre para o sujeito e o sujeito penetra no mundo das significações quando é reconhecido pelo outro. A relação social não é composta apenas de dois elementos, ela é uma relação dialética entre o eu e o outro, e implica num terceiro: o elemento semiótico que é constituinte da relação e é nela constituído. O sujeito se constitui numa relação eu/outro onde esse outro é na verdade um outro de si mesmo, se pudermos recorrer a um paralelo à metalinguagem, pensaríamos numa "metaconsciência", onde o sujeito se pensa a partir de um outro que é ao mesmo tempo ele mesmo.

A análise do sujeito transcende, então, as ordens do biológico e da abstração, direcionando-se àquele que é constituído e é constituinte de relações sociais. Nesse sentido, o homem sintetiza o conjunto das relações sociais e as constrói.

Pensar o homem pelo viés das relações sociais implica considerá-lo em uma perspectiva da polissemia, ou seja, pensar na dinâmica, na tensão, na dialética, na estabilidade instável, na semelhança diferente. A conversão das relações sociais no sujeito social se faz por meio da diferenciação: o lugar de onde o sujeito fala, olha, sente, faz etc. é sempre diferente e partilhado. Essa diferença acontece na linguagem, em um processo semiótico em que a linguagem é polissêmica.

Neste sentido, o sujeito não é um mero signo, ele precisa do reconhecimento do outro para se constituir enquanto sujeito em um processo dialético. Ele é um ser significante, que fala, faz, pensa, sente, tem consciência do que está acontecendo, refletindo todos os eventos da vida humana.

A subjetividade é, portanto, produto de uma relação dialética, processo permanentemente constituinte e constituído, está na interface do psicológico e das relações sociais. Essa concepção de subjetividade contribui para identificar e analisar as categorias que permitem a construção histórica do objeto tanto na sua dimensão social quanto na história individual das crianças que compõem o meu campo de pesquisa. Assim,

> Os signos emergem e significam no interior de relações sociais, estão entre seres socialmente organizados; não podem assim, ser concebidos como resultantes de processos apenas fisiológicos e psicológicos de um indivíduo isolado; ou determinados apenas por um sistema formal abstrato. Para estudá-los é indispensável situá-los em processos sociais globais que lhe dão significação (Faraco, 2003, p. 48).

As proposições bakhtinianas foram consideradas para pensarmos a constituição da identidade do aluno, inserido num discurso que se configura como uma "cultura escolar", ao mesmo tempo em que as culturas da infância assumem esse discurso como "palavras próprias". Será analisada a tensão entre as palavras alheias (conformação de alunos) e as palavras pessoais (cultura de pares), entendendo esse processo, para além da subjetivação individual, como a constituição de um "discurso" que confere identidade cultural a um grupo: os alunos, que passam a se reconhecer como tal.

> Toda palavra (todo signo) de um texto conduz para fora dos limites desse texto. A compreensão é o cotejo de um texto com outros textos (...). Somente em seu ponto de contato é que surge a luz que aclara para

trás e para frente, fazendo que o texto participe de um diálogo. (...) a palavra do outro se transforma, dialogicamente, para tornar-se palavras pessoal-alheia com a ajuda de outras palavras do outro, e depois, palavra pessoal (com, poder-se-ia dizer, a perda das aspas). A palavra já tem, então, um caráter criativo (Bakhtin, 2000, p. 404-405).

Geraldi (2003) reconhece na escola o exemplo paradigmático das técnicas modernas de governo descritas na análise foucaultiana, porém ressalta que as identidades atribuídas não serão necessariamente as identidades experienciadas, pois há um espaço de deslizamento e emergência de transgressão constituintes das subjetividades.

Esses são os fundamentos que orientam este livro, mas para avançarmos no debate é necessário conceituar, inicialmente, o que é a forma escolar e o que estamos tomando por culturas infantis e cultura escolar.

## A forma escolar: o processo e sua gênese

Buscar um estudo que vá à gênese da constituição do modo de ser aluno, na abordagem pretendida, pressupõe uma construção histórica que relate o movimento social que originou a escola tal como a concebemos hoje. Desnaturalizar a escola, restituindo-lhe sua historicidade é o primeiro passo para o estabelecimento dos diálogos que propomos aqui.

Vincent, Lahire e Thin (2001) ressaltam que, a despeito de uma tendência da historiografia de estabelecer uma continuidade nas formas escolares clássicas até os dias de hoje, é possível identificar o surgimento da forma escolar nos séculos XVI e XVII na França. Para os autores, a aparição de uma forma social está intrinsecamente relacionada a outras transformações.

É, portanto, a análise sócio-histórica da emergência da forma escolar, do modo de socialização que ela instaura, das resistências encontradas por tal modo, que permite definir essa forma, quer dizer, perceber sua unidade (a da forma) ou, mais exatamente, pensar como unidade o que, de outro modo, somente poderia ser enumerado como características múltiplas (2001, p. 12).

Uma das características principais é a inauguração de um modelo de relação que pode ser chamada de pedagógica. A forma de aprender desvincula-se do fazer, a relação mestre e aluno dissocia-se das demais, gerando resistências pela retirada de poder envolvida no saber-fazer. A instauração de um lugar específico para essa relação a separa das demais: a escola se configura como o espaço da relação pedagógica que ensina conhecimentos desvinculados do fazer. Simultaneamente, cria-se o tempo escolar como um tempo da vida, do ano e do cotidiano. A existência da escola com espaços e tempos específicos já aponta o potencial socializador de suas práticas, dado que as orientações espaço-temporais conferem identidade — modos de ser — ao sujeito humano.

Essas transformações vieram acompanhadas de uma ampliação da escolarização (note-se que continuamos falando da França, o que no entanto não invalida a análise que pretendemos efetuar aqui). Para os autores, a escolarização veio junto com a instalação de uma nova ordem urbana e uma redistribuição dos poderes civis e religiosos. A escola é, mais do que uma consequência do processo, parte relevante de sua consecução.

A inclusão em massa das crianças na escola pode ser tomada como uma nova forma de sujeição desenvolvida por maneiras específicas de subjetivação. A criança aprende, mas do que os conteúdos, "determinadas regras (...) constitutivas da ordem escolar" (Vincent, Lahire e Thin 2001, p. 14). A forma escolar transborda dos muros das escolas para as demais instituições. Para os autores, fica evidente que o exercício de análise da sociogênese da forma escolar faz sentido num conjunto de transformações sociais profundamente vinculadas às formas de exercício de poder.

A passagem das sociedades oralizadas para as escriturais traz uma série de fenômenos associados, as formas escolares se constituem como lugar específico distinto das demais relações sociais. Elas pressupõem um saber objetivado, desvinculado do fazer. A escrita torna-se elemento essencial nesse contexto, pois garante "a acumulação da cultura até então conservada no estado incorporado" (Vincent, Lahire e Thin, 2001, p. 28). As escolas não são espaços profissionais ou religiosos e os conteúdos ensinados lá são escolarizados ou, se quisermos, passam pela transposição didática de que nos fala Chevallard (1991).[6] A transmissão do saber se coloca como um problema até então inédito, pois deve permitir aos alunos que recomponham um trabalho passado, não necessariamente vivido por eles. Cada vez mais, as relações sociais de aprendizagem dependem da escrituralização — codificação dos saberes e das práticas (Vincent, Lahire e Thin, 2001, p. 29).

As prescrições escritas afetaram também os mestres que deviam cumprir as regras, sem interpretá-las. A didática em sua origem lassaleana[7] não previa espaço para a subjetividade do mestre:

> O homem está tão sujeito à frouxidão (...) que tem necessidade de regras por escrito, mantendo-o em seu dever e impedindo-o de introduzir alguma coisa de novo e, deste modo, destruir o que foi sensatamente estabelecido. (J. B. La Salle, *Conduites des écoles chrétiennes*. Introduction et notes comparatives avec l'edition princeps de 1720. *Procure générale*, 1951, p. 5 apud Vincent, Lahire e Thin, 2001, p. 30).

A forma escolar de aprendizagem se opõe às formas orais, e seu espaço se configura como lugar de aprendizagem das formas de exercício de poder que se impõem através de uma impessoalidade que afeta mestres e alunos. Com as escolas mútuas sistematizadas pelos ingleses Bell (1753-1832) e Lancaster (1778-1738) que, entre outras

---

6. Ideia formulada originalmente pelo sociólogo Michel Verret em 1975, retomada em 1980 pelo matemático Yves Chevallard que a define como um instrumento eficiente para analisar o processo através do qual o saber produzido pelos cientistas (o Saber Sábio) se transforma naquele que está contido nos programas e livros didáticos (o Saber a Ensinar) e, principalmente, naquele que realmente aparece nas salas de aula (o Saber Ensinado).

7. J. B. de La Salle pretendia que os professores seguissem as regras estritamente, sem nenhuma variação, de forma a obter um resultado uniforme.

coisas, propunham o fim dos castigos físicos, veio uma crítica ao adestramento a que eram submetidos os alunos e uma tentativa de estabelecer uma nova relação com as regras que passam a ser "explicadas e
aceitas" e assim, a partir de uma autodisciplina o aluno mesmo se
regularia tomando como base a razão.

A questão do poder se coloca desde o princípio, articulada ao
saber:

> ao mesmo tempo em que se constroem saberes e relações com a lingua-
> gem e com o mundo, certas modalidades da relação com o outro se
> aprendem em forma de relações sociais específicas que correspondem a
> modalidades do poder (Vincent, Lahire e Thin, 2001, p. 35).

Canário (2002) aprofunda o estudo da forma escolar estabelecendo três dimensões para análise da escola:

> Uma invenção histórica, contemporânea da dupla revolução, industrial
> e liberal, que baliza o início da modernidade e que introduziu três no-
> vidades: o aparecimento de uma instância educativa que separa o o
> aprender do fazer; a criação de uma relação social inédita, a relação
> pedagógica no quadro da classe, superando a relação dual entre o mes-
> tre e o aluno; uma nova forma de socialização (escolar) que viria pro-
> gressivamente a se tornar hegemônica (...) a escola é uma *forma*, é uma
> *organização* e é uma *instituição* (grifos do autor) (p. 143).

Enquanto forma, a escola traduz uma ruptura com os processos
que prevaleciam antes dela e trata-se de uma modalidade de aprendizagem que se baseia na revelação, na cumulatividade e na exteriori-
dade dos saberes. A forma revelou-se numa dimensão pedagógica que
progressivamente tornou-se hegemônica enquanto maneira de ensino-aprendizagem e legou à escola um monopólio da ação educacional
ao mesmo tempo em que contaminava com seus métodos as ações
educativas não escolares.

A dimensão da organização possibilitou o estabelecimento da
forma escolar não mais baseada na relação dual mestre-aluno, mas na

do professor com sua classe, característica dos sistemas escolares modernos. Sua invisibilidade é fruto da naturalização das formas de organizar os tempos, espaços e os agrupamentos dos alunos que determinam ação dos agentes educacionais e limita o pensamento crítico sobre as próprias práticas.

Por fim, a escola é uma instituição com valores e objetivos que desempenha papel de unificação cultural, linguística e política fundamental na construção dos Estados modernos.

Para Canário (2002) a indistinção dos três níveis provoca um debate confuso, pois os interlocutores eventualmente estão tratando de fenômenos de níveis distintos num mesmo conceito.

Avançando na história da escola, temos uma época denominada por Canário como a "idade do ouro" (2008, p. 74), um largo período entre a Revolução Francesa e o fim da Primeira Grande Guerra, no qual se estabeleceu o apogeu do capitalismo liberal. Essa referência da escola permanece, segundo o autor, no imaginário coletivo como um contraponto às mazelas da escola atual. Canário considera ainda que esse período possa ser tomado como um "tempo de certezas", na medida em que correspondeu, a um momento de poucas tensões entre a escola e a sociedade e dela internamente em suas distintas dimensões.

O período seguinte à Segunda Guerra Mundial apresentou um crescimento da oferta educativa escolar como consequência da combinação entre o aumento da oferta em função das políticas públicas e o aumento da procura numa verdadeira "corrida à escola" (Canário, 2008, p. 74). A democratização do acesso à escola marca a passagem de uma escola elitista para uma escola de massas e a sua entrada num "tempo de promessas", marcado pela euforia e pelo otimismo em relação à escola. As promessas a que se refere Canário são basicamente três: desenvolvimento, mobilidade social e igualdade.

Em termos econômicos, o que se assistiu na América do Norte, Europa e Leste Asiático nesse período foi um desenvolvimento sem precedentes. Nos Estados Unidos, prevalecia um modelo chamado de regulação fordista em que ocorria uma produção em massa, com um consumo de massa, cuja manutenção se dá por um regime salarial em que o crescimento dos salários acompanha em certa proporção o crescimento dos ganhos de produtividade, num quadro de vínculos trabalhistas estáveis e de praticamente pleno emprego. Os eventuais conflitos sociais eram regulados por um Estado de Bem-Estar Social que assegura mecanismos de distribuição de bens e serviços sociais. Houve uma associação entre o desenvolvimento econômico e a elevação da escolaridade das populações nessa época, gerando nos países desenvolvidos a construção da escola de massas. Esse modelo sofreu forte baque nos anos 1970, com a crise do petróleo que marcou, por um lado o fim das ilusões do progresso e, de outro, uma constatação da impossibilidade da escola fazer jus às suas promessas.

Com as formulações de Pierre Bourdieu, a educação perde o papel de instância democratizadora das sociedades, passando a ser vista como uma das principais instituições por meio das quais se legitimam os privilégios sociais e sua reprodução. Evidencia-se a função de manutenção das desigualdades exercida pela escola, além disso, a expansão da escolarização não se traduziu na ampliação do bem-estar aos países em desenvolvimento ou subdesenvolvidos. Vejamos o paradoxo: ao democratizar o acesso, tornando-se menos elitista, a escola passa a ser vista como aparelho ideológico do Estado que assegura a reprodução social das desigualdades através de mecanismos de violência simbólica (Canário, 2008, p. 76).

Chega então a época denominada "tempo das incertezas". As mudanças, econômicas, políticas e sociais afetaram a relação dos sujeitos com a escola e com o mercado de trabalho: "passou-se de uma relação marcada pela previsibilidade para uma relação em que predomina a incerteza." (Canário, 2008, p. 76). Em termos econômicos, assistimos ao declínio dos Estados Nacionais e ao deslocamento do poder para os grupos econômicos internacionais e organismos supranacionais. É a globalização da economia, que se traduz ainda na progressiva liberalização dos mercados, que trouxe como consequência, uma submissão das políticas estatais frente a uma economia capitalista que não reconhece fronteiras. As alterações econômicas promoveram também transformações políticas numa redefinição do papel do Estado.

O campo educacional foi afetado por todas essas mudanças.

> Está em causa a criação de uma nova ordem que altera e torna obsoletos os sistemas educativos concebidos num quadro estritamente nacional. As suas missões de reprodução de uma cultura e de uma força de trabalho nacionais deixam de fazer sentido numa perspectiva globalizada. A finalidade de construir uma coesão nacional cede, progressivamente, o lugar à subordinação das políticas educativas a critérios de natureza econômica (aumento da produtividade e da competitividade) no quadro de um mercado único (Canário, 2008, p. 77).

A ampliação da oferta escolar e a retração no mundo do emprego promoveram uma desvalorização dos diplomas escolares, fato que levou Canário a falar da configuração de um "tempo de incertezas". O desequilíbrio entre diplomas e empregos colocou em xeque o papel da escola.

Haveria três facetas numa problematização da escola atual: sua obsolescência na relação com o saber — cumulativo e revelado; sua falta de sentido para os atores sociais que a frequentam; e a perda de legitimidade social pela reprodução das desigualdades.

> Os professores e os alunos são, em conjunto, prisioneiros dos problemas e constrangimentos que decorrem do déficit de sentido das situações escolares. A construção de uma outra relação com o saber, por parte dos alunos, e de uma outra forma de viver a profissão, por parte dos professores, têm de ser feitas a par. A escola erigiu historicamente, como requisito prévio da aprendizagem, a transformação das crianças e dos jovens em alunos. Construir a escola do futuro supõe, pois, a adoção do procedimento inverso: transformar os alunos em pessoas (Canário, 2008, p. 80).

Há ainda a necessária distinção entre a Educação Infantil e o restante da escolaridade básica em um contexto ocidental contemporâneo:

> Enquanto a escola se coloca como o espaço privilegiado para o domínio dos conhecimentos básicos, as instituições de Educação Infantil se põem

sobretudo com fins de complementaridade à educação da família. Portanto, enquanto a escola tem como sujeito o *aluno*, e como o objeto fundamental o *ensino* nas diferentes áreas, através da *aula*; a creche e a pré-escola têm como objeto as *relações educativas* travadas num *espaço de convívio coletivo* que tem como sujeito a *criança* de 0 a 6 anos de idade (ou até o momento em que entra na escola). (Rocha, 2001, p. 31).

Para a autora torna-se possível, a partir desses aspectos, o estabelecimento de diferenças entre a escola, a creche e a pré-escola, a partir da sua função social definida pelo contexto social. Não se trata ainda, segundo Rocha de estabelecer uma "diferenciação hierárquica ou qualitativa". (op. cit., p. 31). Faz-se necessária a desconstrução desses limites que impõem constrangimento aos sujeitos envolvidos no dia a dia escolar, através da análise crítica de sua gênese e de seus processos de manutenção que se revelam em estratégias e táticas de poder.

No próximo capítulo buscamos a articulação dos conceitos trabalhados com a empiria, analisando as ações dos sujeitos a partir desse referencial.

# 3
# Entrecruzando planos de análise:
## em busca das tensões que desvelam a empiria

> *As crianças são enviadas primeiramente à escola não com a intenção de que aprendam algo, mas com a de habituá-las a permanecer calmas e observar pontualmente o que lhes é ordenado, para que mais tarde não se deixem dominar por seus caprichos.*
>
> Kant[1]

Partindo da proposta bakhtiniana de estabelecer relações dialógicas possíveis entre dois discursos, pretendo identificar nos textos escritos e falados e nas práticas das culturas escolares e infantis o que é expresso a respeito do processo que transforma crianças em alunos, tomando ambas as categorias em sua dimensão social, a primeira enquanto categoria geracional e a segunda como uma das principais categorias identitárias para as pessoas de pouca idade.

---

1. Kant, 1991, p. 30 2.

Se, como pano de fundo, temos Bakhtin e sua concepção de linguagem e Vigotski através do recurso ao pensamento dialético, para avançar na abordagem da empiria recorremos aos conceitos de Foucault, de Certeau, da sociologia da infância (especialmente através de Corsaro e Sarmento) e de Sacristán: as culturas infantil e escolar serão tomadas como textos que dialogam e permitem identificar estratégias de poder e táticas de resistência nas práticas observadas, assim como suas influências na subjetivação dos sujeitos.

A ideia de contrapor os "textos" produzidos pelas culturas infantis e escolar apoia-se também no estudo das lógicas que movem os fazeres cotidianos, tal como proposto por Certeau (1994) que, ao analisar as relações colonizadoras espanholas (p. 94) ou ainda a reação da sociedade às exigências de consumo, traz a potência de ação daqueles tidos como mais fracos:

> Eles metaforizavam a ordem dominante: faziam-na funcionar em outro registro: Permaneciam outros no interior do sistema que assimilavam e que os assimilava exteriormente. Modificavam-no sem deixá-lo (...). Aquilo que se chama de *vulgarização* ou *degradação* de uma cultura seria então um aspecto, caricaturado e parcial, da revanche que as táticas utilizadoras tomam do poder dominador da produção (grifos do autor, 1994, p. 95).

Inegavelmente a escola desempenha um papel fundamental ao agir no sentido de promover as individualizações disciplinares que engendram subjetividades mais ou menos adequadas ao modelo de sociedade em que estão inseridas. Foucault (1997), ao tratar do poder disciplinar, fala da formação de corpos dóceis. Fica claro, no entanto que o conceito de docilidade não se iguala ao de obediência, mas a uma maleabilidade que leva o sujeito a reconhecer a ação disciplinar como natural e necessária. Veiga-Neto (2007, p. 62), define o que Foucault entende por poder: "uma ação sobre ações", mas alerta que esse não é o foco principal do filósofo, o poder interessa como operador que permite o entendimento da subjetivação em suas redes.

Tratar das culturas escolares em sua dimensão de dispositivos pedagógicos permite enxergá-las enquanto estratégias do poder disciplinar disseminado. Vê-las como discurso, permite identificar a maneira como colocam em circulação os poderes.

> O discurso veicula e produz poder; reforça-o mas também o mina, expõe, debilita, permite barrá-lo. Da mesma forma o silencio e o segredo dão guarida ao poder, fixam suas interdições: mas também afrouxam seus laços (Foucault, 1996, p. 96).

## Foucault e Certeau: uma analítica da disciplina e da resistência

Há uma relação evidente entre as ideias de Certeau e o conceito de poder disciplinar desenvolvido por Foucault. É disso que vamos nos ocupar, por hora, na tentativa de partir de um diálogo implícito para ampliá-lo até o nível das palavras das crianças e dos professores da Escola Municipal Joaquim Silva.

Foucault, na sua fase genealógica, desenvolveu os conceitos de poder disciplinar e biopoder. Aqui, nos interessa especialmente o primeiro, considerando sua dimensão de aplicação ou da produção de seus efeitos através das técnicas, dos instrumentos e das instituições.

A capacidade de circulação do poder mostra que ele é exercido potencialmente por todos os sujeitos e que estes são, ao mesmo tempo, detentores e destinatários do poder. "O poder transita pelos indivíduos, não se aplica a eles (...) o poder transita pelo indivíduo que ele constituiu" (Foucault, 1999, p. 35). Nesse ponto, Certeau o complementa ao tratar daquilo que não possui visibilidade: a capacidade anônima de resistência presente na vida cotidiana. Para ele, os sujeitos se apropriam e ressignificam os objetos de consumo culturais ou materiais e esse processo revela uma astúcia daqueles que compõem uma espécie de "rede de uma antidisciplina" (Certeau, 1994, p. 42), manifesta através da resistência ou da inércia.

Na *Invenção do cotidiano* (1994), Certeau dialoga com Foucault, de *Vigiar e punir* (1977), mostrando as resistências que subvertem os instrumentos do poder de seu próprio interior. Ao olhar para o cotidiano, Certeau revela as "microrresistências que fundam microliberdades" (Giard, 1994, p. 19). Esse recurso, escondido pelas estratégias de poder, é o que a ação das crianças vai mostrar na sua relação com a disciplina escolar que funda subjetividades de alunos, ao mesmo tempo que cria recursos para resistir a esse modelo de subjetivação, abrindo espaço para a criação, o novo, o inesperado. Observar os espaços sociais pequenos e cotidianos pode se revelar uma ferramenta de análise das táticas de resistência a uma reprodução que uniformiza.

Foucault elege o poder a objeto de estudo a partir de algumas precauções metodológicas. A primeira delas se traduz na concretude das instituições analisadas. Não se trata de um poder central ou soberano, mas daquele que se exerce milimetricamente nas instituições locais como os conventos, os asilos ou as prisões. Além disso, há a preocupação com o seu exercício efetivo, como ele se mostra na sua objetivação ou na forma como produz efeitos. Foucault reconhece a dinâmica do exercício de poder no fato de que ele transita entre os agentes sociais, não permanecendo como propriedade de um grupo ou de outro. Interessa o movimento que parte do pequeno para o maior, dos mecanismos específicos, concretos para aqueles mais globais. Por fim, o poder é relacionado ao saber com os seus mecanismos de produção e acúmulo.

> Ora, se o poder consiste em relações de força, *múltiplas e móveis, desiguais e instáveis*, é evidente que ele não pode emanar de um ponto central, mas sim de instâncias periféricas, localizadas. Ao lado da impossibilidade da centralidade, está a impossibilidade da unidade. O poder está, ao mesmo tempo, em todos os pontos do suporte móvel das correlações de força que o constitui; está em toda parte, na relação de um ponto com outro, enfim multiplica-se e provém, simultaneamente, de todos os lugares (Pogrebinschi, 2004, p. 188).

O conceito de disciplina é aproximado ao de uma tecnologia para o exercício do poder, ela "comporta todo um conjunto de instrumentos, de técnicas, de procedimentos, de níveis de aplicação, de alvos; ela é uma física ou uma anatomia do poder..." (Foucault, 1977, p. 177). Desta forma, a disciplina transforma o esforço necessário para o assujeitamento num gasto mínimo necessário de energia. Ela otimiza e potencializa as técnicas de poder. Os dispositivos disciplinares seriam: a vigilância, levada ao seu ponto máximo no panóptico de Bentham;[2] a sanção normalizadora, ou castigo disciplinar; e, por fim, o exame, que permite qualificar, classificar e punir, tornando os indivíduos visíveis e assujeitados.

Gondra (2009) se propõe a uma releitura de *Vigiar e punir* (1977) a partir das aulas de Foucault no Collège de France em 1973, publicadas no Brasil em 2006 com o título de *O poder psiquiátrico.* Para ele, o poder disciplinar se organiza a partir de três características:

- Em primeiro lugar, teríamos uma apropriação total ou exaustiva dos corpos, dos gestos, do tempo e do comportamento dos sujeitos. "A disciplina começa a ser o confisco geral do corpo, do tempo e da vida." (Gondra, 2009, p. 71)

- O olhar permanente é a garantia de continuidade do poder disciplinar até o ponto em que ela se internaliza, tal como um hábito e pode funcionar de forma virtual. O papel dos exercícios no adestramento dos corpos e da escrita, para registros dos comportamentos e transmissão do saber acumulado sobre cada sujeito, tornam-se relevantes.

- Há um ordenamento hierárquico claro nos elementos componentes do poder disciplinar.

Essa forma de conceber o poder e suas formas de funcionamento implica que os sistemas disciplinares apresentem como características:

---

2. Panóptico é um termo utilizado para designar um centro penitenciário ideal desenhado pelo filósofo Jeremy Bentham em 1785. O conceito do desenho permite a um vigilante observar todos os prisioneiros sem que estes possam saber se estão ou não sendo observados.

uma fixação espacial, a extração ótima do tempo, a aplicação e a exploração das forças do corpo por uma regulamentação dos gestos, das atitudes e da atenção, a constituição de uma vigilância constante e de um poder punitivo imediato, enfim a organização de um poder regulamenta que, em si (...) é anônimo, não individual, resultando sempre em uma identificação das individualidades sujeitadas (2009, p. 72-73).

O conceito de biopoder vem somar-se ao do poder disciplinar, complementando-o. De um lado, a ação sobre o sujeito, de outro, sobre as populações. Para o sujeito, a sanção; para o coletivo, a regulamentação. O biopoder não intervém no corpo do indivíduo, mas nos fenômenos coletivos dizem respeito à população através de mecanismos que medem, preveem e calculam. Assim, para Foucault o poder e o saber guardam uma estreita ligação.

A função repressora deixa de ser o principal atributo do poder. Ele cria e recria numa rede múltipla de inúmeras possibilidades. Nesse ponto, podemos convidar Certeau (1994) ao debate através de seus conceitos de estratégias e de táticas, que podem funcionar como categorias analíticas para operar com as práticas encontradas no campo, considerando a assimetria existente nas relações entre adultos e crianças ou entre as diferentes culturas trazidas aqui para debate. A estratégia seria:

> o cálculo (ou a manipulação) das relações de força que se torna possível a partir do momento em que um sujeito de querer e poder (uma empresa, um exército, uma cidade, uma instituição científica) pode ser isolado. A estratégia postula um *lugar* suscetível de ser circunscrito como *algo próprio* e ser a base de onde se podem gerir as relações com uma *exterioridade* de alvos ou ameaças (grifos do autor, 1994, p. 99).

A tática se diferencia da estratégia pela ausência de uma delimitação que lhe forneça autonomia, ela não possui um projeto global, "opera golpe por golpe... o que ganha não se conserva... Em suma, a tática é a arte do fraco" (Certeau, 1994, p. 100-101).

Enquanto o sistema disciplinar, tal como definido por Foucault, incide de forma implacável sobre a vida do sujeito em todas as instituições pelas quais transita sejam elas a família, a escola, o hospital, o exército ou as prisões, Certeau chama atenção para os processos anti-disciplinares, ou seja, as práticas dos sujeitos comuns que podem re-arranjar o que fora imposto ao cotidiano pela racionalidade técnica. Através de pequenas astúcias e táticas de resistência, o sujeito é capaz de recontextualizar elementos estabelecidos pelo poder que disciplina, estabelecendo novos usos ou diferentes combinações. Certeau reconhece que essas práticas ou táticas permanecem inscritas nos limites de um repertório preestabelecido, e que às vezes, acabam por criar novas regras, mas ele exalta a importância delas na geração de multiplicidade e diversidade nos espaços sociais, que tendem à integração da diferença pela homogeneização disciplinar.

Ao abordar o discurso, Foucault e Certeau trazem a dimensão espacial como metáfora: a linguagem é uma construção arquitetônica onde os sujeitos se movimentam e interagem. Para Foucault (1996), entretanto, o discurso é uma estratégia de dominação:

> suponho que em toda sociedade a produção do discurso é ao mesmo tempo controlada, selecionada, organizada e redistribuída por certo número de procedimentos que têm por função conjurar seus poderes e perigos, dominar seu acontecimento aleatório, esquivar sua pesada e temível materialidade" (p. 4).

Foucault se dedica às microfísicas do poder, garantia do controle e da ordem, pois, para ele, o discurso não é um conjunto de signos, elementos significantes que remetem a conteúdos e representações, mas um conjunto de práticas que formam sistematicamente os objetos de que falam.

> o discurso não é simplesmente aquilo que traduz as lutas ou os sistemas de dominação, mas aquilo pelo que se luta, o poder de que queremos nos apoderar (1996, p. 10).

Embora partindo de perspectiva diferente, Bakhtin (2000) contribui para nossa reflexão sobre o discurso, pois, embora a linguagem seja constituidora do sujeito, ela é também uma corrente contínua que se estabelece num fluxo permanente de diálogos que relacionam o que está sendo dito ao que veio antes e ao que lhe sucederá.

> O enunciado sempre cria algo que, antes dele, não existia, algo novo e irreprodutível, algo que está relacionado com um valor (...). Entretanto, qualquer coisa criada se cria sempre a partir de uma coisa dada (...). O dado se transfigura no criado (p. 348).

Esse espaço de manobra na criação do novo a partir do já dado pode significar a brecha por onde o *sujeito ordinário* de Certeau reintroduz a possibilidade de ruptura ou subversão da ordem. Metaforicamente podemos supor que o discurso em Foucault tende ao imobilismo, à fixação, enquanto para Bakhtin e Certeau ele se movimenta no mundo concreto das ações rotineiras diante da possibilidade de novas combinações ou enunciados, não necessariamente falas inaugurais, mas um reordenamento daquilo que está posto.

> A enunciação do narrador tendo integrado na sua composição uma outra enunciação, elabora regras sintáticas, estilísticas e composicionais para assimilá-la parcialmente, para associá-la à sua própria unidade sintática, estilística e composicional, embora observando, pelo menos sob uma forma rudimentar, a autonomia primitiva do discurso de outrem, sem o que ele não poderia ser completamente apreendido (Bakhtin, 2002, p. 145).

Assim, enquanto Foucault preocupa-se em ancorar sua pesquisa no discurso instituído, colocando as formas ordinárias de discurso fora do seu campo de estudos, Certeau, por sua vez, fundamenta sua abordagem na linguagem do cotidiano. Assim como Bakhtin, Certeau propõe que o significado está necessariamente vinculado ao cotidiano da linguagem e não apenas à sua produção institucional.

Embora reconheça o jogo da estratégia, Certeau acredita que o controle da história e das práticas cotidianas é uma ficção, pois a existência das táticas torna o discurso um ato performativo, um lugar

DE CRIANÇAS A ALUNOS

praticado, ou seja, um lugar onde o sujeito dialoga e interfere no discurso institucional, tornando o controle apontado por Foucault uma ficção.

Josgrilberg (2005) situa a posição de Certeau como oposta às antinomias escrito/oral, parole/langue, enunciado/enunciação, pois a questão central está na "tensão entre a gramática que controla e a enunciação que a atualiza" (p. 96).

Que essa digressão sobre a forma de entender e tratar o discurso não nos desvirtue do aspecto fundamental: o que está em jogo para Certeau e Foucault são as questões relativas ao poder, ainda que expressas através do discurso. O que os afasta é a forma de conceber os micropoderes e as microrrelações. Se para Certeau eles modificam os limites da dominação colocada pelo discurso do poder, para Foucault eles alimentam essa dominação.

Como não se trata de estabelecer uma filiação teórica a um ou outro autor, fiquemos com o que eles nos proporcionam como ferramentas analíticas: com Foucault prestemos atenção às estruturas do poder para identificar o que nelas nos aprisiona. Já de Certeau vamos aproveitar a ideia das fraturas do discurso do poder nas quais se insinua a possibilidade de mudança.

Antes de voltar ao campo para verificar como se manifestam o poder disciplinar, a ação normalizadora, as sanções, os exames, as estratégias do poder e as táticas de resistência é preciso um desvio no percurso para tratar das culturas escolar e infantil sob a ótica que se acabou de delinear.

## Culturas infantis e cultura escolar

Vejamos a seguir as concepções de culturas infantis, especialmente aquelas discutidas no âmbito da sociologia da infância, e as de cultura escolar para que possamos pensá-las enquanto táticas ou estratégias na sua materialidade expressa nos eventos registrados no diário de campo.

A opção por apresentar em primeiro lugar as culturas infantis segue a lógica de que elas antecedem e, eventualmente, reproduzem interpretativamente[3] as culturas escolares.

## Infância e cultura: as culturas infantis como recriação do mundo

O contexto atual difere bastante da época inaugural da sociologia da infância (Sirota, 2001). Segundo Sarmento (2008), o debate que marcou a constituição do campo parece estar sendo superado. As crianças, como objeto de estudo sociológico, já estão afirmadas enquanto campo do saber. A construção social da infância, seu paradigma, hoje abriga até mesmo divergências. Sarmento (2006) traça um mapa conceitual apresentando a sociologia da infância como uma área da sociologia aplicada ou, ainda, como um campo interdisciplinar de estudos da infância, onde entrariam em diálogo a antropologia, a psicologia, as ciências da educação, a economia, a política, enfim uma ampla gama de saberes. Sarmento destaca as diferenças entre as perspectivas estruturais, as interpretativas e as críticas.

Para as perspectivas estruturais importa tomar a infância como categoria geracional, ou seja, sujeitos que pertencem a uma mesma faixa etária ao mesmo tempo e, por isso, sofrem as mesmas ações da estrutura social em que estão inseridos e agem sobre ela, ao mesmo tempo, apesar da sua possível diversidade. Os temas privilegiados nessa perspectiva se centram nas áreas das histórias da infância, das políticas públicas, da demografia, da economia, do direito e da cidadania.

---

3. Conceito desenvolvido por William Corsaro no livro *Friendship and peer culture in the early years*. 1985 onde discute que as crianças não apenas contribuem para sua própria socialização, mas criam e participam de suas próprias culturas de pares.

DE CRIANÇAS A ALUNOS

As perspectivas interpretativas, por sua vez, embora partam do pertencimento da criança à categoria social da infância, voltam seus estudos para os processos de subjetivação criados por elas nas interações com os adultos e com os seus pares, que as levam a recriar as culturas onde estão inseridas. O conceito de reprodução interpretativa de Corsaro (1997) é central nessa abordagem. Segundo Sarmento (2008, p. 31), os temas privilegiados são a ação social das crianças, suas interações, as culturas infantis, a sua participação nas instituições, as relações entre as tecnologias de informação e as crianças e a cultura lúdica (Brougère, 1998).

As perspectivas críticas, ou estudos de intervenção (Sarmento, 2008, p. 32), por fim, buscam a emancipação social da infância, pois a tomam como construção histórica de um grupo que vive condições específicas de exclusão social. Os temas abordados nessa perspectiva tratam da dominação cultural, patriarcal e de gênero, assim como os maus-tratos à infância.

A despeito das diferenças conceituais, alguns aspectos podem ser considerados confluentes na "declinação plural da sociologia(s) da infância" (Sarmento, 2008, p. 25). Dentre eles destacam-se as ideias de que a infância deve ser estudada a partir de seu próprio campo e da autonomia analítica de sua ação social e não sob uma perspectiva adultocêntrica. Apesar de a infância ser considerada uma categoria geracional, os aspectos que distinguem as várias crianças, como classe, gênero ou etnia, devem ser articulados em seu estudo. A configuração sociológica da infância, entretanto, não pode prescindir do conceito de geração, pois ele se refere a um grupo social intemporal, ao mesmo tempo que compreende um grupo de pessoas que viveram em condições históricas semelhantes e desenvolveram com isso experiências particulares.

A consolidação da infância como categoria social se deu historicamente pela negatividade, por aquilo que não podia falar ou fazer. A sociologia da infância, por sua vez, veio reafirmar a competência infantil. Outro aspecto de concordância diz respeito a tomar essa etapa da vida não como uma transição — o que todas as idades seriam

— mas como um período em que os sujeitos seriam atores sociais competentes que se expressariam na alteridade geracional. Sarmento (2006) observa, nessa proposição, uma crítica à psicologia do desenvolvimento. A sociologia da infância concorda quanto à necessidade de estudar as crianças como categoria social mais afetada por condições estruturais como desigualdades sociais, guerras ou ausência de políticas sociais.

As crianças são vistas como produtoras de cultura e exprimem através dela suas percepções e interações com os pares ou os adultos. As culturas infantis apresentam especificidades como os modos com que o lúdico e o faz de conta são incorporados. Quanto às instituições voltadas para as crianças, observa-se a ação que configura o ofício de criança, determinando padrões de "normalidade" para o desempenho social. Os processos de socialização desenvolvidos nesses espaços tentam se processar de maneira vertical.

> Especialmente significativo no trabalho institucional é o papel da escola e o trabalho pedagógico que "inventou o aluno" (...) e "institucionalizou a infância" (...). Mas as instituições são também preenchidas pela ação das crianças, seja de forma direta e participativa seja de modo intersticial, isto é, seja através de um protagonismo infantil (com ação influente), seja como modo de resistência, nos espaços ocultos ou libertados da influência adulta — no decurso da qual se realizam processos de socialização horizontal (comunicação intrageracional), e se exprime a "ordem social das crianças" (Sarmento, 2006, s.p.).

Prout (2004) faz críticas severas às fragilidades da sociologia da infância. A principal diz respeito à manutenção das dicotomias da sociologia moderna: estrutura e ação, natureza e cultura, ser e devir/em formação. O autor propõe que os estudos concentrem-se no "terceiro excluído" dessas dicotomias.

Em sua análise, Prout (2004) ressalta que o surgimento da sociologia da infância é contemporâneo das mudanças que caracterizariam a modernidade tardia que trouxe sérias questões para as teorias sociais.

DE CRIANÇAS A ALUNOS 109

a Sociologia tentava manter-se a par de um complexo conjunto de mudanças sociais anteriormente delineadas e que abalaram os pressupostos modernos que lhe haviam servido de base durante quase todo o século anterior. O problema era que a teoria social moderna nunca havia proporcionado muito espaço à infância. A Sociologia da Infância via-se, por essa razão, a braços com uma dupla missão: criar espaço para a infância no discurso sociológico e confrontar a complexidade e ambiguidade da infância enquanto fenômeno contemporâneo e instável (p. 5-6).

Assim, num momento em que a sociologia precisava se reinventar para dar conta dos fenômenos que analisava, a sociologia da infância entrava em cena armada com os instrumentos que estavam sob reelaboração nesse contexto. A ideia de infância como estrutura e das crianças como atores sociais, por exemplo, é herdeira de uma sociologia moderna que já se encontrava, naquele momento, em movimento de aproximação à modernidade tardia e o consequente descentramento dos sujeitos. Para superar as oposições dualistas, Prout recorre à teoria de ator/rede[4] e à teoria da complexidade[5] para discutir as relações intergeracionais ou os estudos longitudinais das diferentes etapas da vida. Para ele, é necessário que os estudos da infância superem a oposição natureza/cultura, uma vez que o social e o biológico têm implicações recíprocas em todos os níveis.

A dialética vigotskiana, a meu ver, antecipou essa discussão, superando-a através do reconhecimento da relação entre os polos aparentemente opostos das dicotomias. A superação dialética permite, por

---

4. A teoria ator-rede foi elaborada no campo de estudos da ciência e tecnologia. Seu objetivo é atender ao princípio de simetria instaurado pela antropologia das ciências, defende a ideia de que, se os seres humanos estabelecem uma rede social, não é apenas porque eles interagem com outros seres humanos, mas com outros materiais também. Há uma multiplicidade de materiais heterogêneos conectados em uma rede que tem múltiplas entradas, está sempre em movimento e aberta a novos elementos que podem se associar de forma inédita e inesperada. Todos os fenômenos são efeitos dessas redes que mesclam simetricamente pessoas e objetos, dados da natureza e dados da sociedade, oferecendo-lhes igual tratamento.

5. A teoria da complexidade mostra que a realidade é não linear, caótica, catastrófica e difusa e deve ser vista de forma não somente quantitativa, mas, principalmente, qualitativa. Entender um fenômeno é compreendê-lo, não por suas partes, mas pelo seu contexto totalizante.

exemplo, um reconhecimento da natureza na cultura e vice-versa, mostrando sua mútua implicação e as mudanças qualitativas decorrentes dessa relação. O sujeito se constrói como humano a partir do uso que faz da linguagem — o signo como ferramenta — e altera suas características biológicas como decorrência dessa construção. O cérebro humano em suas conexões não pode ser pensado como resultante exclusivo de uma dimensão ou de outra, ele é fruto do processo histórico de constituição da humanidade.

O olhar sobre as crianças na escola não será, portanto, direcionado por um único campo de saber, pois como reconhece Prout (2004):

> Uma das implicações práticas imediatas daquilo que defendo é a necessidade de intensificar a interdisciplinaridade dos estudos da infância. O campo é já significativamente interdisciplinar graças aos contributos de áreas como a Sociologia, Geografia Humana, Antropologia, História e outras. Existem, porém, áreas cujo diálogo interdisciplinar é fraco. Uma delas é a Psicologia, a qual constituiu, de alguma forma, o obstáculo maior em relação à Sociologia da Infância: crianças enquanto indivíduos *versus* crianças enquanto social (p. 13).

A pesquisa sobre a infância no Brasil conta com um número expressivo de produções recentes. As pesquisas contemplam a diversidade e a alteridade dos grupos de crianças, investigam as culturas infantis e a construção de representações sobre a infância, aprofundam o conhecimento sobre as instituições que atuam na educação de crianças, suas práticas e organização buscam também subsidiar a elaboração de políticas para a área. Algumas dão ênfase aos processos de constituição, consolidação e legitimação da escola, em sua relação com demais instâncias sociais, ou pretendem compreender as maneiras pelas quais são produzidas as crianças e as infâncias a partir das práticas discursivas, das relações de saber e poder. Outras ainda trabalham na dimensão cultural das políticas e práticas educativas que envolvem a linguagem oral e escrita, tanto na perspectiva do processo de ensino-aprendizagem, quanto da formação de professores e do currículo, englobando a produção de linguagem na alfabetização, no ensino fundamental (incluindo a educação de jovens e adultos) e na Educação Infantil. A construção do campo da infância como temática de pesquisas tem sido uma área de vasta produção acadêmica e ampliação do conhecimento sobre as crianças como agentes sociais relevantes no entendimento de nossa sociedade e cultura.

## A cultura escolar como um texto

A cultura escolar tornou-se categoria de análise e campo de investigação dos estudos da educação brasileira a partir da emergência do debate sobre a cultura em geral traduzida em práticas constitutivas da sociedade. A temática sensibilizou pesquisadores de áreas distintas, desde linguistas a historiadores e sociólogos. O campo educacional entrou no debate trazendo para investigação a cultura escolar. Faria Filho et alii (2004), a partir de um cuidadoso levantamento do estado da arte, apontam o artigo de José Mário Pires Azanha, "Cultura escolar brasileira: um programa de pesquisa", publicado em 1991 na *Revista da USP*, como situado nesse campo. Partia de uma interrogação sobre a crise em educação e propunha um inventário das práticas escolares, de maneira a realizar um mapeamento cultural da escola, atento à sua constituição histórico-social. O texto concedia destaque:

> à função cultural da escola em face da diversidade da clientela, às relações entre saber teórico e saber escolar e às conexões entre vida escolar e reformas educativas. Demonstrava a proficuidade do conceito na operacionalização de análises sobre a instituição escolar a partir de diferentes vertentes do conhecimento pedagógico. (Faria Filho et alli, 2004, p. 141).

Dominique Julia, em seu artigo: "A cultura escolar como objeto histórico", traduzido para o português pela *Revista Brasileira de História da Educação* em 2001, definia a cultura escolar como:

> um conjunto de normas que definem conhecimentos a ensinar e condutas a inculcar, e um conjunto de práticas que permitem a transmissão

desses conhecimentos e a incorporação desses comportamentos; normas e práticas coordenadas a finalidades que podem variar segundo as épocas (finalidades religiosas, sociopolíticas ou simplesmente de socialização) (Julia, 2001, p. 10).

Os limites do conceito foram expandidos extramuros, mostrando o quanto a sociedade foi contaminada pelos modos de pensar e agir engendrados por práticas escolares. E ainda, não deixava de fora das culturas escolares, as culturas infantis, senão vejamos:

> Enfim, por cultura escolar é conveniente compreender também, quando é possível, as culturas infantis (no sentido antropológico do termo), que se desenvolvem nos pátios de recreio e o afastamento que apresentam em relação às culturas familiares (Julia, 2001, p. 11).

A proposta do autor era contrapor à teoria da reprodução de Bourdieu e Passeron, uma leitura das práticas cotidianas. O artigo propunha o estudo da história das disciplinas escolares, constituída a partir de uma ampliação das fontes tradicionais em direção à análise de textos normativos.

Para Chervel (1990), a escola produziria um saber específico com efeitos sobre a sociedade e a cultura. A categoria *disciplina escolar* extrapolaria a sala de aula e os conteúdos trabalhados nela, uma vez que ela determina um fenômeno de aculturação de massas, tornando-se objeto da história cultural. As disciplinas exercem então um papel duplo: formam não somente os indivíduos, mas também uma cultura que vem por sua vez penetrar, moldar, modificar a cultura da sociedade global.

Forquin (1992) destacou a discussão sobre os conteúdos eleitos para compor as disciplinas escolares; escolha que já revelava uma arbitrariedade decorrente de fatores simultaneamente ideológicos, sociais e políticos. Interessou-se por observar as relações entre o currículo oficial, o currículo real e o currículo efetivamente aprendido. Analisou também o processo de transposição didática, instrumento através do qual se transforma o conhecimento científico em conheci-

# DE CRIANÇAS A ALUNOS

mento escolar, para que possa ser ensinado pelos professores e aprendido pelos alunos. O autor hesitava, no entanto, entre tomar a cultura
escolar como uma cultura "segunda" (p. 33), derivada ou transposta
ou pensá-la como "verdadeiramente produtora ou criadora de configurações cognitivas e de habitus originais que constituem de qualquer
forma o elemento nuclear de uma cultura escolar sui generis" (p. 35).

António Viñao Frago (1995) conceituou a cultura escolar como as
diferentes práticas que ocorrem nas escolas envolvendo alunos, professores e funcionários, assim como as normas de funcionamento e a
teorias de conhecimento ensinadas. Para ele, a cultura escolar é uma
categoria que engloba tudo o que acontece no interior da escola. "Al-
guien dirá: todo. Y sí, es cierto, la cultura escolar es toda la vida escolar: hechos e ideas, mentes y cuerpos, objetos y conductas, modos de
pensar, decir y hacer." (p. 69).[6] Aproxima-se também da ideia de conformação das subjetividades através dos mecanismos escolares especialmente do espaço e do tempo fabricados pela escola como mecanismos sociais que condicionam as significações e os modos de educação.
O espaço é visto como lugar e o tempo como um símbolo social resultante de um longo processo de aprendizagem humana. Assim, o que
qualifica o espaço físico e o constitui como lugar são as formas de sua
ocupação:

> O "salto qualitativo" que leva do espaço ao lugar é, pois, uma construção.
> O espaço se projeta ou se imagina; o lugar se constrói. Constrói-se "a
> partir do fluir da vida" e a partir do espaço como suporte; o espaço,
> portanto, está sempre disponível e disposto para converter-se em lugar,
> para ser construído (Viñao Frago, 1998, p. 61).

Haveria tantas culturas escolares quantas instituições de ensino,
e sua função seria prover os sujeitos de modos de pensar e atuar pau-
tados em estratégias para serem desenvolvidas tanto nas aulas como
fora delas de forma integrada em suas vidas cotidianas. (2000, p.100).

---

6. Alguém vai dizer: tudo. E sim, é verdade, a cultura escolar é toda a vida escolar: fatos e
ideias, mentes e corpos, objetos e comportamentos, modos de pensar, dizer e fazer ". (p. 69).

Em síntese, tratar-se-ia de um conjunto de práticas, normas, ideias e procedimentos expressos em modos de fazer e pensar o cotidiano da escola.

Pérez Gómez (2001), apoiando-se em Sacristán (1995), por sua vez, afirma:

> (...) considerar a escola como um espaço ecológico de cruzamento de culturas, cuja responsabilidade específica, que a distingue de outras instituições e instâncias de socialização e lhe confere sua própria identidade e sua relativa autonomia, é a mediação reflexiva daqueles influxos plurais que as diferentes culturas exercem de forma permanente sobre as novas gerações, para facilitar seu desenvolvimento educativo (p. 17).

Fica evidente a preocupação em encontrar na escola aquilo que extrapola o currículo oficial. São várias culturas presentes no processo de escolarização, e é essa multiplicidade que dá sentido e consistência ao que alunos vivenciam na prática escolar. A escola faria uma "mediação reflexiva" entre: a cultura crítica contida nas disciplinas científicas, artísticas e filosóficas; a cultura acadêmica, expressa pelo currículo; a cultura social, constituída pelos valores hegemônicos sociedade; a cultura institucional, presente nas pressões cotidianas, nos papéis, normas, ritos e rotinas; e, finalmente, a cultura que ele denomina experiencial, que é aquela adquirida individualmente pelo aluno através da experiência nos intercâmbios espontâneos com seu meio. Apesar de desmembrar o conceito de cultura escolar, Pérez Gómez não deixa de estar se referindo a ela, e ampliando a compreensão de seu conceito quando trata do encontro das várias culturas apontadas no espaço escolar.

Para esta pesquisa, foi interessante destacar que, na cultura institucional, a disciplina, a avaliação, as tradições, os costumes, acabam por reforçar as crenças e valores ligados à vida social das pessoas estão na escola. Os estudantes vivem em determinado contexto antes de iniciar sua escolarização e esta sua vida é carregada de artefatos culturais, práticas e significados, recebendo influencias da família e do seu meio. Essa configuração prévia dos alunos antes da escola e que

DE CRIANÇAS A ALUNOS

continua a ser elaborada de forma paralela ao espaço escolar é o que Pérez Gómez (2001) vai chamar de cultura experiencial: a cultura do estudante é o reflexo da cultura social de sua comunidade, mediatizada por sua experiência biográfica, estreitamente vinculada ao contexto, o que não se dá de maneira acrítica. Para ele, a escolarização é uma espécie de contraposição às vivências dos estudantes, proporcionando uma visão crítica — ligada à cultura hegemônica, mas nem por isso sua cópia fiel — da sociedade onde estão inseridos (p. 205).

## Sacristán: o currículo como dispositivo de poder e a invenção do aluno

Um elemento está sempre presente quando o objeto de estudo é a escola: o reconhecimento de uma cultura própria dessa instituição. Cultura que a conforma de uma maneira muito particular, com uma prática social própria e única cujos principais elementos constitutivos seriam os atores (famílias, professores, gestores e alunos), os discursos e as linguagens (modos de conversação e comunicação), as instituições (organização escolar e o sistema educativo) e as práticas (pautas de comportamento que chegam a se consolidar durante um tempo).

Diante do panorama apresentado fica claro que há variações nas concepções teóricas adotadas, mas, para tomarmos a categoria da cultura escolar como elemento de análise, vamos considerar que a escola é uma instituição que possui discursos e formas de ação construídas historicamente, como decorrência dos confrontos e conflitos provocados pelo choque entre as determinações externas a ela e as suas tradições, as quais se refletem na sua organização e gestão, nas suas práticas cotidianas, nas salas de aula e nos pátios e corredores.

Um dispositivo da cultura escolar que merece uma análise específica, por suas consequências estruturais, é o currículo. Para Sacristán (2000) ele deve ser visto como a expressão de um equilíbrio entre interesses que atuam sobre o sistema educativo e quem realiza os fins da educação no ensino escolarizado. Sua proposta é tomá-lo como um artefato cultural que precisa ser decifrado já que é carregado de valores. Não é suficiente analisá-lo em sua acepção mais direta como "seleção particular de cultura (...) conteúdos intelectuais a serem aprendidos" (p. 18). Pois, os currículos — especialmente os da educação obrigatória — traduzem um projeto socializador desempenhado pela escola.

> A escola educa e socializa por mediação da estrutura de atividades que organiza para desenvolver os currículos que têm encomendados — função que cumpre através dos conteúdos e das formas destes e também pelas práticas que se realizam dentro dela (p. 18)

Destaca-se a relevância que os contextos concretos adquirem para o estudo do currículo, pois ele se molda:

> dentro de um sistema escolar concreto, dirige-se a determinados professores e alunos, serve-se de determinados meios,, cristaliza enfim num contexto, que é o que acaba por lhe dar o significado real. Daí que a única teoria possível que possa dar cota desses processos tenha de ser do tipo crítico, pondo em evidencia as realidades que o condicionam (Sacristán, 2000, p. 21)

Nessa concepção, o currículo extrapola o campo pedagógico e se insere no campo das práticas políticas, administrativas, de criação intelectual, de avaliação entre outras, pois, "o significado último do currículo é dado pelos próprios contextos em que se insere" (Sacristán, 2000, p. 22). O currículo é ainda o mediador na relação entre professor e aluno, ele fixa seus lugares em relação á transmissão do saber e define as identidades a partir dessa posição.

O autor destaca a função formadora do currículo que pretende refletir o que seria o esquema socializador da escola. O currículo tem uma materialidade e é essa dimensão que importa analisar é a do currículo em ação, sua práxis. Assim, as tarefas escolares representam:

> Ritos ou esquemas de comportamento que supõem um referencial de conduta (...). Este caráter social das tarefas empresta-lhe um alto poder socializador dos indivíduos, pois através delas se concretizam as condi-

ções da escolaridade, do currículo e da organização social que cada centro educativo é (2000, p. 205).

Veiga-Neto (2002) propõe que o currículo deva ser problematizado através das relações que mantém com as ressignificações do espaço e do tempo, ou seja, o currículo foi engendrado para favorecer uma ordem e uma representação fundadas em lógicas específicas de tempo e espaço. O autor lembra que a palavra disciplina inicialmente tinha um único significado — *discere pueris* — o que se dizia às crianças, na modernidade, entretanto, o termo pôde ser pensado sob dois enfoques, um voltado para os saberes e outro para o controle dos corpos. Veiga-Neto atribui ao currículo uma função disciplinar.

> Se, por um lado, é o currículo que dá a sustentação epistemológica às práticas espaciais e temporais que se efetivam continuamente na escola, por outro lado, são as práticas que dão materialidade e razão de ser ao currículo (p. 172).

A disciplinaridade é o elemento articulador entre as práticas e o currículo, através dela se dão as operações de docilização dos corpos infantis e a organização dos saberes em conjuntos delimitados — as disciplinas. Outro aspecto essencial do currículo é sua função como "(...) dispositivo subjetivante, envolvido na gênese do próprio sujeito moderno" (Veiga-Neto, 2002, p. 171).

Sacristán (2005) realiza uma importante análise da construção da categoria social de aluno e de sua identificação à categoria geracional de infância através da naturalização do processo:

> Aceitamos como natural e como certo o que acontece e vem dado, quando tudo é produto de uma trajetória que poderia ter tomado outro rumo (...). O *aluno*, como a *criança*, o *menor* ou a *infância*, em geral, são invenção dos adultos, categorias que construímos com discursos que se relacionam com as práticas de estar e trabalhar com eles (grifos do autor, p. 13).

As duas categorias foram construídas socialmente, ao mesmo tempo, de forma que uma parece ser a condição natural da outra nas sociedades escolarizadas. O autor ressalta, no entanto, a não universalização das categorias, o que ocultaria mais do que esclareceria os processos a que estão submetidas: assim como há infâncias, há alunos, no plural. A maneira de ser criança afetará a forma como se é aluno e vice-versa (Sacristán, 2005, p. 22). Convém destacar, no entanto, a naturalização da condição de aluno que conduz ao não questionamento sobre o que significa estar nessa situação que, como bem lembra Sacristán "é contingente e transitória" (2005, p. 13)

A forma como espaço e tempo são administrados em nossa sociedade vai configurar uma dada forma de ser e estar no mundo. A escola e suas práticas tem papel fundamental na estruturação desses eixos subjetivos. A própria idade é um referente fundamental no eixo do tempo que é apropriado pelas práticas escolares como elemento organizador.

Elevando a condição de *aluno* a uma *categoria*, Sacristán revela que ao seu redor formou-se uma ordem social que se traduziu num jeito determinado de viver o cotidiano que é naturalizado, portanto sem reconhecimento de sua historicidade. Sacristán critica o tratamento dado ao *aluno* como objeto de conhecimento, uma vez que foi repartido entre diversos saberes que não dialogavam entre si. A crítica se dirige especialmente à psicologia (embora se refira também à antropologia, à sociologia, à medicina, entre outras), pois esta foi marcada pela tendência à primeiro "descrevê-lo, normalizá-lo, caracterizando-o; depois (...) regulá-lo desmembrando-o de sua condição social e cultural (e também escolar)" (2005, p. 14).

O mais grave é a equivalência que se estabelece entre os conceitos de criança e de aluno, como se a segunda pudesse conter a primeira, dando conta de sua complexidade e fornecendo os elementos necessários ao estudo desta como objeto do saber.

O modelo de pesquisa a ser seguido para entender as "determinações do sujeito infantil" (2005, p. 17) aproxima-se, em certa medida, ao esforço realizado aqui, naquilo que o autor considera a "tripla atitude inquisitiva" que implica no interesse pelas condições nas quais os sujeitos vivem, especialmente na busca da forma como se originaram as práticas de relação entre adultos e crianças na vida cotidiana e nas instituições, não desconsiderando que essas práticas estão relacionadas a outras mais amplas. Por fim, é necessária uma *análise do discurso* que permita identificar desde as crenças do senso comum até os discursos científicos sobre as crianças interpretando os modelos representativos dessa etapa da vida.

Avaliando o desenvolvimento humano e sua influência sobre a forma como concebemos a infância, Sacristán (2005) destaca o peso que o pensamento evolutivo tem nessa questão. O processo também naturalizado pressupõe uma sucessão de etapas que conduziriam o sujeito humano da incapacidade total à plenitude adulta, pois, nessa perspectiva:

> Tornar-se adulto é ter o poder de dispor de um corpo mais desenvolvido, de falar, de escolher; Ter mais independência nas formas de viver, maior utilidade social, mais liberdade, mais saber, mais responsabilidade etc. (p. 46).

Sacristán endossa a tese foucaultiana sobre a determinação que os regimes de verdade acabam por desempenhar nas crenças sobre o que é possível de ser feito, pois ao mesmo tempo em que falam sobre o que é o desenvolvimento, produzem como efeito este mesmo modelo, desenvolvendo-nos — de maneira geral — de forma evolutiva, transformando a esfera do privado em objeto da ciência. Logo:

> A *criança, objeto científico da psicologia evolutiva* — e por extensão o aluno — é uma construção que ela faz dando-lhe uma determinada identidade (grifos do autor, 2005, p. 47)

A aproximação entre *as condições de aluno* e de *criança* torna-se ainda mais explícita se pensarmos na função da escola como aquela que vai desenvolver as capacidades desse sujeito *incompleto* dirigindo-lhe rumo à *plenitude adulta.* Ser aluno acaba sendo alçado a uma condicionalidade de ser sujeito.

Ao serem enviadas para a escola as crianças aprendem que *"ser aluno é ser estudante (aquele que estuda) ou aprendiz (aquele que aprende)"*

(Sacristán, 2005, p. 125) e isso deve ser expresso por comportamentos característicos dessa categoria social. Sacristán reconhece, entretanto, um espaço de resistência das crianças na cultura de pares. Ao serem segregadas do mundo adulto e institucionalizadas na escola, nasce uma cultura, que corresponde ao nicho ambiental dos iguais.

> A experiência dividida em dois nichos é uma oportunidade para se proteger do controle total dos pais e professores. Entre os ambientes familiares e escolares, em que se pode se esconder, nasce um terceiro que pode se tornar independente de ambos: o do grupo de iguais (2005, p. 58).

O pensamento de Sacristán aproxima-se ao de Certeau quando reconhece que a institucionalização não garante o pleno controle sobre os sujeitos, antes disso, ao contrário, "ela mesma dará motivos para que seja um espaço de resistência que reforçará (...) a comunidade dos iguais" (2005, p. 58).

Aspectos como o a hierarquização das crianças pela adequação ao que se espera delas, as regras, as normas, os rituais e as aprendizagens subjacentes ao processo de escolarização serão observados na tese como elementos constituidores da identidade de aluno, ao mesmo tempo, será analisada a maneira como as crianças se apropriam dessas experiências. Pois, de acordo com Lelis (2005) vale interrogar

> o sentido da escolarização, que é pessoal e coletiva, e que confere ao aluno/ator a possibilidade de construir significados, efetuar escolhas, mover-se no interior da escola mediante um saber fazer, pois a escola não produz apenas qualificações e competências, ela contribui para que os indivíduos tenham disposições e atitudes (p. 138).

# 4

# Entretecendo os textos a partir do contexto

*Passava os dias ali, quieto,
no meio das coisas miúdas.
E me encantei.*

Manoel de Barros[1]

A feitura deste capítulo trouxe uma dificuldade adicional à escrita: como apresentar os achados do campo sem parecer que a pesquisa se constituía num juízo de valor sobre as práticas das profissionais de ensino? Em vários eventos apresentados aqui parece inevitável o convite para que o leitor julgue a ação das professoras, como se a responsabilidade pelo processo educacional terminasse nelas e não envolvesse os gestores e as políticas públicas voltadas a essa questão. Não podemos perder de vista essa perspectiva que nos relembra, permanentemente, que os sujeitos destes eventos encontram-se todos, em maior ou menor grau, assujeitados por discursos que refletem uma cultura que naturaliza uma escolarização destituída de um sentido ético.

---

1. Manoel de Barros em entrevista a José Castello no Jornal da Poesia. Disponível em: <http://www.revista.agulha.nom.br/castel11.html>. Acesso em: 15 fev. 2010.

O objetivo da pesquisa era a conjugação entre teoria e empiria para que o seu diálogo fosse tecendo o corpo de conhecimentos que ela se propõe a desvendar. De uma maneira geral esse objetivo foi perseguido durante a escrita, mas a inevitável diferença entre os campos do real e do saber em alguns momentos terminou por prevalecer. Se os capítulos anteriores, especialmente os dois últimos, foram essencialmente teóricos, este, da mesma forma que o Capítulo 1, está voltado para o campo e seus achados. Ainda assim, as categorias de análise construídas ao longo do percurso pretendem possibilitar a síntese dialética entre as duas realidades.

Vigotski, como metodólogo escolhido para inspirar este trabalho, mostra que a tentativa de análise tradicional, aquela que decompõe o todo em partes isoladas é inoperante para quem deseja conhecer uma dada realidade. O pensamento dialético exige uma ação que:

> desmembre a unidade complexa (...) em unidades várias, entendidas estas como produtos da análise que, à diferença dos elementos, não são momentos primários constituintes em relação a todo o fenômeno estudado, mas apenas a alguns do seus elementos e propriedades concretas, os quais (...) contém em sua forma primária e simples aquelas propriedades do todo em função das quais se empreende a análise (2001, p. 397-398).

Este capítulo aborda o campo através de uma analítica da disciplina e da resistência, colocando em diálogo as culturas infantis e escolar. Busca ainda analisar as transições e as rupturas vivenciadas na passagem da Educação Infantil para o Ensino Fundamental e, por fim, estabelece os modelos de relação possíveis entre esses dois segmentos da Educação Básica.

Uma vez apresentadas as ferramentas teóricas que serão utilizadas é chegado o momento de fazê-las operar, de novo, na busca da construção de um conhecimento que revele algo sobre como efetivamente as crianças vivenciam essa transição da Educação Infantil ao Ensino Fundamental e caminham no sentido de se reconhecerem enquanto alunas. Para tal serão vistas na empiria as expressões das culturas de

DE CRIANÇAS A ALUNOS

pares, as pressões das ações escolarizadoras e os efeitos dessa tensão nas ações das crianças.

Mais uma vez peço ao leitor paciência com os eventos do campo que pareçam longos. Sua inclusão da maneira mais completa é uma componente importante para a análise dos dados.

## A ação das crianças: expressão das culturas de pares

> Júlia e Vanessa começaram a brincar de fazer cócegas uma na outra e Júlia fingiu ter encontrado algo no bolso da jaqueta da colega. Catarina e Carolina formaram outra dupla. Júlia e Vanessa fingiam mascar chicletes e Júlia ofereceu: "Quer Catarina?".
> Carolina, não caindo no truque, respondeu: "Eu sei que vocês estão mordendo a língua." A dupla se afastou.
> Júlia, Vanessa e Yasmin ficaram brincando de mascar chicletes e um carrinho passou a representá-lo. O jogo era colocar o carrinho na mão da amiga fazendo de conta que estava dando chiclete. Júlia insistia em reintroduzir Thalita, que estava chateada, na brincadeira, puxava a sua mão e dizia: "Abre a mão, é chiclete".
> Thalita recusou, mas já estava com uma carinha mais satisfeita.
> Carolina não querendo admitir que ela e Catarina perdiam alguma coisa, insistiu: "Isso aí é carrinho que eu sei!"
> De repente, ouvimos a ordem sob a forma de música: "Arrumar a salinha..." E imediatamente as crianças responderam em coro: "... para fazer a rodinha!" (30/8/2007).

A capacidade de brincar a partir do faz de conta pressupõe a adesão dos envolvidos ao projeto. Dessa forma torna-se possível o desempenho de papéis onde cada qual tem uma ideia do que deve ser feito e dito. No evento acima, identificamos uma controvérsia entre as meninas, divididas em dois grupos, e uma relutância de Carolina e Catarina em participar do jogo. Para Corsaro, "a maior parte dos jogos de papel entre dois e cinco anos é sobre expressão de poder" (2009, p. 35). Carolina e Catarina ao se recusarem a ceder aos desejos de Júlia, participando da brincadeira, utilizam seu poder de forma a desmanchá-la, afinal desfazer o combinado implícito (havia um chiclete de faz de conta) é romper com a sequência possível do jogo, alterando as relações de poder e submissão necessárias ao exercício da liderança. De qualquer forma, essa é uma maneira das crianças exercitarem diferentes maneiras de se relacionar.

Os jogos de poder e a construção de regras compartilhadas são dois aspectos de um processo que parecem permanentemente em conflito:

> Na hora do parque, um grupo de meninos foi jogar futebol. Havia um único gol. João se escalou para goleiro. A marca foi feita com chinelos e Wellington tentou fazer um gol bem largo, João reclamou.
> Wellington: "João me deixa ser goleiro uma vez?".
> João: "Não!"
> Alguém gritou um palavrão. Lídia brigou com Paulo que se defendeu dizendo que não havia sido ele, mas o Kauã (que é seu irmão). Lídia chamou o Kauã. Richard queixou-se: "Tia, o Kauã está querendo me bater!".
> Rubens propôs: "Vamos brincar de queimada?".
> João respondeu: "Ô Rubens, depois você enche o saco para brincar de olezinho".
> Rubens foi sentar-se e André perguntou: "Não vai brincar mais não?".
> Rubens: "Não".
> Luís convidou o Rubens: "Vamos embora brincar de navio?". Porém, foi embora sem esperar resposta.
> Caio e Wellington brigaram durante o jogo, Luís avisou à professora, enquanto isso, Rubens (que havia voltado ao jogo) empurrou Richard que começou a chorar. Denis arrumou a bola para o jogo continuar, porém Caio passou e a carregou. Richard continuava chorando.
> Liliane entrou pelo meio do jogo, ficou parada lá, como se quisesse participar, a bola era arremessada pelo parque todo. Antônio e Edmundo disputavam a posse da bola. Caio pegou a dividida e João deu a ordem: "Chuta daí Caio!".
> Paulo pegou a bola com a mão. João se estressou com Caio: "Pô Caio!".
> Caio se aproximou ameaçador, perguntando: "Qual é o problema?".
> João recuou.
> Wellington caiu e chutou o Renan que reclamou: "Ai!".
> Wellington desculpou-se: "Foi sem querer".
> João pegou a bola e ninguém foi tirá-la dele Liliane sentou-se no quiosque. Richard começou a chorar mais uma

vez: "O Wellington enfiou o dedo no meu olho!". André foi
ajudá-lo.
Rubens tentou chutar a bola para o outro lado da cerca e
Renan reclamou: "A gente ia ficar sem bola!".
Caio era o único que se impunha ao João e cobrou o tiro de
meta. //Pareceu começar uma aliança dos dois//
Denis bateu na bola com a mão duas vezes e foi questionado
por Caio: "Com a mão?".
Caio viu os colegas de sua turma do ano passado que desceram
e sorriu para eles. Rubens fez um gol e João retrucou: "Não
valeu! Eles passaram na hora! O pênalti não é por sofrimento!
Vai à m... Não valeu, tinha que marcar na marca do pênalti".
Richard deu uma barrigada na bola e João foi até o meio do
jogo buscar a bola. Caio reclamou: "João, você já é goleiro,
não pode vir buscar a bola aqui no meio!".
João rebateu: "Pode sim!".
Richard não acertava uma bola. Queixou-se com Caio: "Pô,
você chutou a bola e me chutou também!".
Caio respondeu: "Ô moleque não fiz nada contigo não. Vai
pegar lá rapaz!".
Alguém gritou: "Falta!".
João confirmou: "Falta!".
Renan pediu: "João dá falta em mim também".
William parou a bola e cobrou, marcando: "Golaço!".
João: "Não foi! Não foi gol não!".
William voltou para o meio do campo depois desistiu e foi
andar sobre o muro.
Acabou nosso tempo de parque. Perguntei aos meninos qual
foi o placar e cada um disse valores diferentes. Para João
a partida foi de zero e completou orgulhoso: "Eu fui o
goleiro".
Outros disseram: "10 a 8, 50 a 3...". (23/3/2008).

A negociação de regras entre as próprias crianças é tarefa muito complexa para uma partida só. As crianças que já exercem alguma liderança conseguem impor suas decisões, estabelecendo uma "moral" própria para o jogo, que não será necessariamente compartilhada por todos os participantes. Durante essa observação, cheguei a pensar que João tivesse trazido a bola de casa, o que não se confirmou, a bola era da Educação Infantil e a professora a havia emprestado para que o primeiro ano jogasse. Entretanto, a lógica infantil difere da do adulto num aspecto relevante: a submissão de alguns se dá mais num nível aparente do que real. Embora cedessem a alguns desejos de João, o grupo de meninos não reconheceu seu placar e esboçou reação à sua tirania através de Caio, que, no entanto, estabeleceu uma aliança com o líder deixando os outros meninos sem uma representação mais forte. De qualquer forma, a dizer pelos placares divergentes, tratou-se de dois jogos simultâneos que ocorreram num mesmo evento: o jogo pela ótica de João e pela ótica dos demais meninos.

Entre as meninas, por outro lado, era comum o exercício de uma feminilidade associada às questões de estética:

> Júlia falou que passaria o batom na Yasmin, mas passou em si mesma. Vanessa cuidadosamente limpava o que ficou borrado na boca de Júlia e falou: "Para de passar! A tia falou que não pode." Júlia tenta aproximar Vanessa de Yasmin: "Cheira aqui o cabelo dela. Está cheiroso!" Olhando o trabalho com massa de Vanessa exclamou ainda: "Que bonitinho!" Vanessa havia modelado um regador e uma cesta. (12/11/2007).

Os papéis eram desempenhados de maneira estereotipada, revelando uma visão do feminino associado a preocupações com a beleza, a maquiagem, o jeito dócil de agradar à outra, enfim, um modelo de mulher fútil e "boazinha", que figurou por muito tempo no imaginário social.

Entre 2007 e 2009, os eventos observados na escola pesquisada não apresentavam brincadeiras de jogos de papel, eventualmente elas apareciam misturadas à brincadeira de aproximação-evitação, onde os meninos desempenhavam papéis de animais ferozes, esse era, porém, mais um código do pique do que um exercício de papéis propriamente dito. As brincadeiras no parque geralmente incluíam correr, jogar bola, brincar com os poucos brinquedos existente — um escorregador e uma gangorra. Não havia brinquedos que pudessem funcionar como suporte da imaginação: bonecas, carros, panelas, casa de bonecas, ou qualquer espécie de objeto que não fosse trazido pelas crianças de casa. Estes, por sua escassez, geralmente geravam mais disputas do que brincadeiras. O pouco tempo dedicado ao parque também não favorecia este tipo de interação. Na Educação Infantil, as crianças frequentavam o parque diariamente, desde que não estivesse chovendo, durante trinta a quarenta minutos e, nos anos do Ensino Fundamental, a ida se limitava a uma vez por semana durante trinta minutos.

Se, como afirma Corsaro, "a cultura de pares é um conjunto estável de atividades ou rotinas, artefatos, valores e interesses que as crianças produzem e compartilham na interação com os seus pares". (2009, p. 32), de que forma a proposta pedagógica dessa escola possibilitava essa importante interação? Ao não disponibilizar recursos materiais, espaciais e de tempo para as crianças brincarem e interagirem livremente, o que isso diz do papel da escola? O tempo dedicado ao que é escolarizado recebia atenção, recursos (mesmo que parcos) e valor. Aparentemente, na escola pesquisada se desejava ter alunos e não necessariamente crianças.

## Os corpos como elementos da fabricação de alunos

Uma semana após o início das aulas que marcou tão claramente a ruptura nas práticas da Educação Infantil e do Ensino Fundamental, a pesquisa continuou. No segundo dia de observação no 1º ano, percebi que as crianças estavam bem mais ajustadas ao comportamento desejado nessa nova etapa. Havia um cartaz na parede contendo os "Nossos combinados", ou seja, as regras definidas para o bom funcionamento da turma. Não me pareceu terem sido elaboradas pelas crianças, pois traziam alguns conteúdos muito presentes nas falas dos adultos:

- Brincar sem brigar.
- Respeitar os professores e colegas.
- Jogar lixo na lixeira.
- Não correr ou andar pela escola (sic).
- Esperar a vez de falar. (20/3/2008)

Estava explicitado ali o que se esperava de cada um e, de certa forma, aos poucos, as crianças já iam lidando com as novas regras de maneira mais eficaz:

Caio cutucou William que cutucou André para passar a mochila para ele, isso foi feito escondido da professora. Percebi que as crianças agora quando desejam falar com outra criança

> que não está na fila seguinte, não chamam mais alto, mas
> pedem para a criança que está entre elas para chamá-la.
> (7/4/2008).

A forma de utilização do próprio corpo revelava uma aprendizagem; a sala de aula, no Ensino Fundamental, era um espaço no qual os movimentos deviam ser mais contidos, as vozes deveriam ser reguladas num volume mais baixo, os movimentos não autorizados ou não participantes das ações escolarizadas deveriam ser feitos de maneira rápida e sutil, preferencialmente quando a professora não estivesse atenta aos envolvidos na comunicação. Percebe-se aqui uma sujeição dos corpos infantis à lógica das culturas escolares que conformam um tipo de subjetividade bem específica: a do aluno.

Com Foucault (1977), vemos que o corpo é uma superfície que sofre as ações das relações de poder e de suas tecnologias específicas. Como dimensão material, o corpo preexiste ao sujeito, sendo o caminho necessário para os processos subjetivantes que formariam um "ser", produto e prisioneiro do próprio corpo.

O exercício produzido sobre o corpo pelo poder disciplinar cria um ambiente no qual outro cenário é imediatamente visto como anormal, fora da norma. A disciplina explicita as regras, o corpo deve cumpri-las.

> A pesquisadora estava no parque com as crianças sob
> cuidados da professora do 1º e 2º períodos. Um aluno de
> sua turma ficou preso entre as traves do balanço. Bastou
> um segundo em que ela se descuidou dele. Ela foi correndo
> socorrê-lo e depois me contou que ele é problemático,
> assim como a irmã, mas não foi ainda ao neurologista,
> disse ainda que ele anda na ponta dos pés. Em seguida, me
> mostrou outro aluno de sua turma e disse que ele era um
> menino mau, para quem ela fazia oração todos os dias e
> que ele brincava igual a bicho, de baixo das mesas. Ele
> se aproximou e pediu para tirar o casaco. A professora
> não tirou. (30/8/2007).

Segundo Gondra (2009), o higienismo tornou-se uma ciência reguladora do corpo prescrevendo as maneiras que deveriam ser o

# DE CRIANÇAS A ALUNOS

ambiente natural e a relação dos corpos e das funções vitais. O corpo visto então sob as dimensões "do corpo-anatomia/fisiologia, corpo-neurologia e corpo-vontade." (p. 80). A escola tem papel relevante na ação higienista, atuando, ainda que de maneira distinta, na tripla dimensão.

A atividade partilhada é responsável por produzir significações que, ao serem apropriadas, criam o plano do sujeito, ou seja, sua consciência. A consciência de si se desenvolve mediante a internalização dos signos e através do processo de significação, que traduz as condições de funcionamento da sociedade, suas estruturas de relação e suas práticas sociais. A significação permite a conversão de um fato natural em cultural que passa, dessa forma, do plano social para o plano individual (Pino, 2000). O corpo ao sofrer a ação da significação atribuída a ele pelas culturas escolares sujeita cada uma das crianças a um modelo de normalidade que, introjetado, regulará suas ações e possibilitará a construção de uma ideia de si, mais ou menos adequado ao projeto disciplinar. A consciência reflete o mundo objetivo, sendo uma construção subjetiva, portanto peculiar, da realidade. A formação e desenvolvimento do psiquismo humano se fazem com base em uma crescente apropriação dos modos de pensar, sentir e agir culturalmente elaborados.

A questão relativa à aprendizagem dos gêneros também se processa através do corpo. No Capítulo 1, vimos algumas especificidades do comportamento de meninos e meninas como as diferentes formas de exercícios do poder, a ocupação espacial das brincadeiras, a maneira de lidar com objetos que conferiam algum prestígio ou *status* ao seu possuidor entre outras.

> Chegou a hora do pátio. Descemos em filas separadas por gênero e Lídia organizou a brincadeira entre os meninos, participando com eles de "o macaco mandou", depois a brincadeira foi de chicotinho queimado. As meninas ficaram num canto brincando de roda. (7/4/2008).

As filas por gênero eram uma rotina desde a Educação Infantil. Sempre nos deslocávamos pela escola numa fileira de meninas e outra de meninos, cada qual de um lado da professora. Entre as aprendizagens escolares estava também, sem dúvida, a de como se constituir um sujeito masculino ou feminino. A possibilidade da reprodução interpretativa, entretanto, inseria uma margem de transformações nos papéis desempenhados.

> Era dia de Cosme e Damião[2] e a escola estava vazia. A professora deixou que as crianças brincassem no pátio. Juntei-me ao grupo que era composto por Vanessa, Carolina, Júlio César, Rubens e Antônio. Nesse momento, meninos e meninas interagiam, enchendo um balde com terra, o que não era muito comum. Carolina mandava, definindo o quê cada um faria. Rubens começou a querer virar o balde e Júlio César não deixava. Primeiro ameaçou: Assim eu não mostro onde tem mais areia!
> Rubens pediu: "Mostra"?
> Júlio César: "Não".
> Rubens avançou sobre o balde para virá-lo, Júlio César o recuperou rapidamente dizendo: "A Vanessa gostou daqui; ela que inventou a brincadeira"!
> Enquanto isso, os outros três estavam próximos ao escorrega juntando mais terra para o grupo.
> Júlio César definiu: "O fogão é aqui"!
> Rubens derrubou enfim o conteúdo do balde, Carolina contrariada reclamou: "Vai esvaziar tudo? Então vou lá com a Vanessa"!
> Rubens argumentou: "Depois faz mais".
> Júlio César propôs: "Vamos fazer pudim de banana"?
> Rubens, no entanto, não queria brincar disso e a discussão durou até que Rubens negociou, brincaria de comidinha, mas quem definia o cardápio era ele: "Está bem, estou arrumando, estou fazendo um brigadeirão".
> Júlio César: "Minha mãe faz um brigadeirão"...
> Júlio César subiu na tela de proteção do parque, enquanto Rubens e Antônio colocavam terra no brigadeirão. Júlio César arranjou uma linha de pipa que estava emaranhada na tela. As meninas se aproximaram, trazendo mais terra em um saco de biscoito furado. Antônio perguntou a elas: "Vamos fazer uma casinha para o pudim"?
> Carolina propôs: "Vamos arrumar a festa".
> Antônio: "Já sei! Parabéns para você".

---

2. Santos da Igreja Católica, reverenciados também pela Umbanda, cuja celebração inclui distribuição de balas e doces para as crianças.

> Antônio pegou a terra do monte e jogou no saco furado, começou uma briga. Júlio César se aproximou correndo e falando: Consegui engaranchar!// ele estava falando da linha que ele conseguiu soltar da tela. Antônio sugeriu: "Então balança"!
> Júlio César foi comunicar sua conquista aos outros: "Gente, gente! Eu peguei! Ah arrebentou"! Antônio foi atrás de Júlio César e propôs que eles brincassem de homem aranha correndo atrás das meninas. Júlio César tentava reorganizar o grupo em torno de um objetivo comum: "Gente eu arrumei, vocês não querem brincar de jornada"? (27/9/2007).

Através do jogo de papéis também os estereótipos que revelam expectativas de gênero são experimentados, desafiados e reconstruídos socialmente na cultura de pares. Nesse evento, a possibilidade de interação entre os meninos e as meninas foi reforçada pela baixa frequência no dia. Interesses em comum puderam ser compartilhados e até uma brincadeira mais associada aos papéis femininos — a "comidinha" — pôde incluir meninos e meninas. Entretanto, a colaboração parecia permanentemente em risco diante da possibilidade de um dos integrantes do grupo — geralmente um menino — romper com o combinado, entornando o conteúdo do balde, indo buscar outro objeto que despertou seu interesse ou propondo uma outra brincadeira de aproximação-evitação.

Entretanto, não eram apenas os corpos infantis que estavam sujeitos às exigências do poder disciplinar. Também as professoras eram cobradas quanto às suas posturas e à altura de sua voz. De certa forma, o gritar em sala era entendido como uma fraqueza no controle que a professora exercia sobre seus alunos, devendo a todo custo ser evitado ou escondido. As crianças percebiam isso. Havia uma combinação implícita de que as turmas não deveriam ser barulhentas. O controle era sobre as crianças e as professoras e parecia estar disseminado por todos os lugares. Desde a fala do coordenador no primeiro dia de aula, não havia dúvidas quanto à orientação: *disciplina é tudo!* (3/3/2008).

> Kauã começou a brincar de luta com Rubens, Lídia deu uma bronca bem alta: "Kauã que brincadeira é essa?" Denis, diante do grito fechou a porta da sala. (10/3/2008).

A ideia de que o barulho não deveria estar presente na escola aparece em vários momentos. Aprender a fazer silêncio é um dos atributos do sujeito escolar.

> Shophie deitou a cabeça na carteira enquanto Mariana coloria as folhas. Edmundo, Júlia e Lucas começaram uma bagunça. Richard e Renan iniciaram uma brincadeira de luta, mas rapidamente pararam. Caio veio sentar-se ao meu lado, na última carteira, em seguida levantou-se para conversar com William e Denis. Renan e Richard sentaram no chão. Wellington deitou na cadeira. Renan e Richard jogavam algo, me pareceu ser uma borracha. Richard voltou para a carteira, fingiu comer algo e deu chute e umas palmadas de brincadeira no Renan. A brincadeira começou a ficar mais abrutalhada. William amassou a folha do Kauã, esse se queixou e Denis disse que foi o Wellington. Lídia avisou que ele ficaria sem parque. Richard e Renan atenderam ao chamado da professora para "levarem o caderninho para a tia colar." Caio balançava a carteira como se estivesse numa cadeira de balanço. Enquanto Lídia colava a folha no caderno, Richard fazia polichinelo na sua frente. Lídia perguntou o que estava acontecendo e Richard voltou para o seu lugar. (10/3/2008).

É impressionante que toda essa atividade aconteça enquanto a sala de aula parece calma. Não há barulho excessivo e nem parece haver confusão. Há um dinamismo incessante na sala, mas se alguém passar atrás da porta não terá ideia do que ocorre ali.

> Yasmin e Camilla conversavam o tempo todo em que Lídia não olhava. Parecia que Yasmin ajudava Camilla, não ficou claro para mim se era com a atividade ou não. Depois de certo tempo, Yasmin não disfarçava mais, sentou-se de costas para a professora. //Será que Yasmin fez a tarefa?// Denis e Caio começaram a conversar baixinho também. As crianças descobriram que se conversassem baixinho não receberiam reprimendas. (10/3/2008).

Mesmo quando percebido, o barulho alheio, especialmente se fosse produzido por um adulto, deveria ficar sem registro:

> Alguma professora grita com a turma em outra sala, Júlia comentou: "Tem alguém gritando aí..." Lídia a repreendeu: "Júlia!" (7/4/2008).

## A disciplina em exercício: exames e sanções

Para que a disciplina tenha sucesso não é preciso muito: o olhar hierárquico, o castigo normalizador e o exame. Isso compõe o poder disciplinar e suas técnicas minuciosas, às vezes íntimas, mas com considerável importância. Pequenas ações no cotidiano escolar revelam isso. Um olhar severo, uma chamada de atenção, o apagador que bate no quadro, a falta de direito de ir ao parque, enfim, há um repertório variado de ações destinadas a punir aquilo que escapa ao comportamento desejado. Segundo Foucault:

> Na essência de todos os sistemas disciplinares, funciona um pequeno mecanismo penal. É beneficiado por uma espécie de privilégio de justiça, com suas leis próprias, seus delitos especificados suas formas particulares de sanção, suas instâncias de julgamento (1977, p. 171).

O efeito educativo da sanção se exerce tanto naquele que cometeu o delito, quanto nos demais:

> João perguntou: "O Wellington vai para o parque hoje?" Lídia respondeu: "Não, ele vai pensar duas vezes antes de dar um soco no nariz do amigo até tirar sangue, ainda mais um amigo pequeno como o André." (28/4/2008).

Um sistema de recompensas é a contrapartida da punição e exerce os mesmos efeitos. Importa assimilar que "é passível de pena o campo indefinido do não conforme" (Foucault, 1977, p. 172). Uma dimensão moral atravessa todos os comportamentos que serão considerados "bons" e dignos de recompensa ou "maus" e sujeitos à punição. Para Foucault, é possível estabelecer uma economia, um balanço favorável ou não. Assim o que se classifica a partir daí não são as suas ações mas o próprio sujeito.

> A penalidade perpétua que atravessa todos os pontos e controla todos os instantes das instituições disciplinares compara, diferencia, hierarquiza, homogeneiza, exclui. Em uma palavra, ela *normaliza* (1977, p. 176).

A disposição do mobiliário em sala de aula contribui para o exercício do controle. As carteiras, de maneira geral, são dispostas em filas, uma atrás da outra, um espaço na frente reservado para a professora, as amplas janelas transparentes. De uma forma geral, parece que as coisas estão dispostas na escola de forma a criar uma rede de olhares que controlam uns aos outros: o professor controla sua turma, o diretor controla a escola.

**Foto 1:** A sala organizada em fileiras, professora à frente.

**Foto 2:** As transparências da escola

A fila é um dos elementos cruciais do poder disciplinar, cada sujeito torna-se uma unidade e cada unidade tem seu lugar determinado. Na entrada, cada criança procura a fila de sua turma que se organiza de forma sequencial, dos mais novos até os mais velhos. A cada ano, as crianças mudam de série e adquirem o direito de passar para a fila ao lado. A fila acaba sendo o organizador que distingue gênero, idade, tamanho, poder. As crianças aprendem, desde muito cedo que estar na fila é fazer parte daquele universo; entretanto, ao mesmo tempo que individualiza, a fila torna seus participantes dispensáveis, pois quando algum deles falta, ela imediatamente se reconfigura através do deslocamento de suas unidades. A fila faz, de cada criança, mais um aluno, num espaço serial. Para atingir os resultados desejados a disciplina demanda que, além do espaço, o tempo também seja controlado. Essa característica apareceu no campo durante todo o tempo da pesquisa nas três diferentes turmas, com três professoras distintas:

> Júlia se aproximou e perguntou à Carmen pela surpresa. Carmen disse que mostraria na rodinha. Júlia insistiu: "Agora!". Carmen não cedeu: "Não Júlia, vou mostrar na hora da rodinha!" (9/8/2007).

Os achados de Barbosa (2006) ao estudar a rotina na Educação Infantil, podem ser estendidos para uma reflexão que se aplique também ao Ensino Fundamental. A institucionalização que se desenvolveu na modernidade, demandava uma uniformização dos sujeitos para garantir os resultados desejados com um menor dispêndio de energia. Assim, submeter todos aos mesmos horários se traduzia na negação das necessidades individuais em nome de um sujeito abstrato, genérico e necessário à configuração daquela época. Até hoje, entretanto, as crianças na escola devem sentir fome, vontade de ir ao banheiro, ter disposição para fazer as tarefas ou desejar brincar nos mesmos horários.

> Fomos para o refeitório e retornamos após a merenda para recolher o material, já que o horário de parque seria 15min antes da saída. (10/3/2008).

> Romeu pediu para ir ao banheiro. Ana Maria respondeu: !Nem pensar! Você já foi na hora do leite". (13/4/2009).

A rotina escolar traz ainda, como consequência, grande quantidade de tempo de espera resultante do término de uma atividade antes do horário previsto para a seguinte e diante da impossibilidade da professora gerenciar o tempo de sua turma da forma que achar mais conveniente. Esses tempos de *nada* devem ser ocupados para que a falta de direcionamento não propicie uma liberdade criadora que poderia se opor ao rígido controle.

> Wellington pegou a vassoura e começou a varrer a sala. Lídia mandou que as crianças juntassem as cadeiras em pares para desenharem enquanto aguardávamos a hora de descer. (10/3/2008).

Era comum que as crianças que terminassem a atividade proposta ficassem sem fazer nada até o restante da turma acabar.

> Júlia observava o dever dos colegas que estavam sendo colados. Sophie deitou a cabeça na carteira enquanto Mariana coloria as folhas. (10/3/2008).

Como em tudo o mais, as crianças se apropriavam dessa construção temporal, reproduzindo-a interpretativamente:

> Renan: Você já fez sete anos?
> Denis: Já.
> Renan: Eu também vou fazer sete, depois vou passar para oito, nove, dez, onze, depois noventa, noventa e um, noventa e dois... (19/5/2008).

As atividades que compõem a rotina escolar ficam permanentemente submetidas ao horário que, na lógica disciplinar, vai garantir a qualidade do tempo. A fala dos professores é profundamente marcada por esse aspecto: há tempo para estudar e tempo para brincar. Inevitável a lembrança da fala de uma criança, de 4 anos, em pesquisa anterior (Motta, 2007, p. 117-118):

> Pesquisadora: "As crianças brincam... e o adulto"?
> Lívia: "O adulto não, ele tem que fazer coisa importante".
> Pesquisadora: "Brincar não é importante"?
> Lívia: "Para as crianças é, mas para os adultos não".
> Pesquisadora: "Entendi. 'E quais são as coisas importantes que o adulto faz'"?
> Lívia: "Eles tem que trabalhar, os pais... A minha mãe tem que fazer muita coisa importante, ela tem que escrever o dia todo".
> Pesquisadora: "O dia todo"?
> Lívia: "É"...

Não há como negar que o texto faz sentido em seu contexto, porém, se inserido na corrente contínua do discurso e num exercício livre de estender o pensamento de Lívia para a realidade da pesquisa em questão, cumpre perguntar se, em sendo a escola lugar de *trabalhar*,[3] especialmente depois do ingresso no Ensino Fundamental, ela não seria um espaço para excluir as crianças e introduzir os alunos.

Quando o controle funciona, não há necessidade de punição, para isso as sanções normatizadoras são aplicadas sob a forma de micropenalidades que se apresentam desde punições sutis até castigos que implicam privação de alguma atividade ou humilhações:

> A professora aproximou-se do Caio e deu uma grande bronca nele por ele estar perdido no ditado, disse que deveria deixá-lo sem saber. //Caio fica extremamente chateado quando chamam sua atenção// (7/4/2008).

Já os exames fazem parte de um ritual que classifica, enquadra, promove ou reprova em função dos resultados obtidos. Através deles, os sujeitos adquirem uma visibilidade que individualiza e sanciona. Para Foucault, o exame permite ao professor além de transmitir o que sabe, construir uma vasta gama de conhecimento sobre seus alunos (1977). Estabelece-se assim a ligação saber-poder que marca definitivamente a sociedade disciplinar e que permite a construção de um indivíduo documentado, descrito, comparado.

---

3. O termo *trabalhinho* é muito utilizado para designar as atividades pedagógicas na Educação Infantil.

Carlos perguntou: "É hoje a prova"? A professora respondeu que o teste seria no dia seguinte e ia somar com a nota da prova. Lídia começou a devolver os cadernos de aula e Carlos queixou-se: "Tia, a Sophie me xingou"! Sophie respondeu: "Só por que eu fiz o dever de casa ele disse que os outros são burros". (28/4/2008).

Antes de me dirigir ao 2º ano, passei na sala da Carmen e da Lídia, ambas me receberam afetuosamente. Lídia contou-me sobre as reprovações, ressaltando que esse ano Júlia estava muito mais interessada. Os alunos reprovados no 1º ano foram: Júlia, Mariana, Denis, Lucas e André. (13/4/2009).

## Desvelando alguns aspectos de estar escolarizado

O *desenvolvimento infantil* foi visto durante um bom tempo de uma maneira profundamente determinista que naturaliza uma sucessão de etapas que se dariam à margem das condições históricas dos sujeitos. Contra essa *naturalização do processo de desenvolvimento*, Sacristán mostra os efeitos dos regimes de verdade foucautianos que permitem *graduar* e *rotular* os indivíduos. A crítica se dirige à psicologia do desenvolvimento, pois "A criança, objeto científico da psicologia evolutiva — e por extensão o aluno — é uma construção que ela faz, dando-lhe uma determinada identidade" (2005, p. 47).

Nessa arquitetura, o currículo cumpre importante ação diante de finalidades tão diversas:

O ensino sim cria certos usos específicos, uma interação pessoal entre professores e alunos, uma comunicação particular, alguns códigos de comportamento profissional peculiares (...). Os próprios efeitos educativos dependem da interação complexa de todos os aspectos que se entrecruzam nas situações de ensino (Sacristán, 2000, p. 202-203).

Foi possível perceber, de maneira especialmente explícita no primeiro ano do Ensino Fundamental, uma série de eventos relacionados ao que poderíamos, de acordo com Moreira e Candau, denominar de currículo oculto, que:

DE CRIANÇAS A ALUNOS                                                                139

envolve, dominantemente, atitudes e valores transmitidos, subliminarmente, pelas relações sociais e pelas rotinas do cotidiano escolar. Fazem parte do currículo oculto, assim, rituais e práticas, relações hierárquicas, regras e procedimentos, modos de organizar o espaço e o tempo na escola, modos de distribuir os alunos por grupamentos e turmas, mensagens implícitas nas falas dos(as) professores(as) e nos livros didáticos (2007, p. 18).

O currículo oculto, ou as intencionalidades por trás das práticas, pode ser articulado à ideia de subjetivação em Foucault, e os discursos escolares fornecem elementos para essa reflexão. Podemos pensar sobre o que ocorre na escola, especialmente dos primeiros anos, como ações disciplinares de produção dos sujeitos alunos. Para Veiga-Neto, para que seja possível analisar o sujeito pedagógico é preciso partir do fato de que ele não esteve sempre lá, ele foi construído:

É preciso então tentar cercá-lo e examinar as camadas que o envolvem e o constituem. Tais camadas são as muitas práticas discursivas e não discursivas, os variados saberes, que uma vez descritos e problematizados, poderão revelar que é esse sujeito, como ele chegou a ser o que dizemos que ele é e como se engendrou historicamente tudo isso que dizemos dele (2007, p. 112).

A Educação Infantil tem sua contribuição na subjetivação do aluno. Esta, entretanto pode se dar de forma mais ou menos harmônica com a proposta do Ensino Fundamental. Na escola observada, para a Educação Infantil, as atividades relacionadas à escrita geralmente partiam de uma história contada e não havia cobranças relativas à sua correção ou sua disposição na folha. O evento a seguir serve de contraponto ao que é proposto às crianças no Ensino Fundamental.

> Depois de contar a história do rei que queria ser mais poderoso do que Deus, Carmen encaminhou as crianças para as mesas, para realizar uma atividade. Explicou o trabalho e foi escrevendo no quadro, letra a letra, cantando o seu som, D I T A D O
> I L U S T R A D O. Ela, entretanto, não leu o conjunto final!

As crianças deveriam desenhar dentro do quadrado a figura pedida e escrever, "do seu jeito" o nome do objeto. O primeiro objeto era uma bola, pronunciada com bastante ênfase no bbb e no llll. João fez rapidamente o desenho e Rubens copiou o que o amigo fez. Os meninos olhavam os trabalhos uns dos outros. Antônio escreveu *BARNOPITUCOU*, Rômulo escreveu *BALO*, com o B espelhado, João fez *BOLAU*. A segunda palavra foi ovo. A escrita das crianças ficou assim:
Rubens: *MOVRA*
Kauã: *MO*
Dudu: *OPC*
João: *OÃC*
Carmen trocou Júlia de lugar com Rômulo e ela se aproximou com o dever sem fazer. Carmen a orientou e ela fez:
1º — *AO*
2º — *OO*
A terceira figura foi uma espada, Dudu escreveu *PIPA*, Júlia colocou apenas uma letra, Dudu disse a ela que tinha que ter mais letras.
A quarta solicitação foi um anel. Todos começaram com a letra *A*, exceto Júlia que escreveu *EPIPA* (olhando a escrita do amigo). Por fim, Carmen solicitou que desenhassem e escrevessem pipoca. Dudu escreveu *PPA*. Terminada a tarefa, as crianças foram lanchar para em seguida irem ao parque. (13/9/2007).

Uma das aprendizagens mais relevantes do primeiro ano parecia dizer respeito ao uso apropriado do caderno, à noção exata de até que ponto da linha se deve escrever antes de passar à seguinte, quantas linhas pular entre um exercício e outro, quando mudar de página. Tais comportamentos eram ensinados com persistência embora o conteúdo explícito da série se referisse à aquisição do código da língua escrita.

Lídia pediu que as crianças trocassem os cadernos de casa pelos de aula em sua mesa. Richard mostrou o biscoito que trouxe para o lanche. A mãe de Camilla veio até à porta trazê-la. Wellington estava orgulhoso por ser o ajudante do dia e levar os sucos para a cozinha. Richard estava comentando um filme que passou na televisão. Lídia falou que passaria um dever para lembrar as vogais. Em seguida, percorreu as mesas para ver como as crianças faziam a tarefa. Júlia recebeu um elogio: — "Que lindo"!

> Caio e João não escreveram a maiúscula em duas linhas e Lídia os corrigiu. Não adiantou João fazer referência a um acerto: "Tia, desenhei o elefante no E". Percebi que André Silva e Luís estavam perdidos na tarefa. Richard começou a cantar funk. (23/3/2008).

A ideia da escrita que *fica linda* permite ainda algumas considerações: qual é o seu propósito? Expressão de um conteúdo não parece ser seu principal atributo, na medida em que sua funcionalidade está em *lembrar as vogais*. Aparentemente, a escrita é dissociada de sua função comunicativa, logo dialógica, para assumir uma dimensão que estaria situada no campo da estética tal como o propõe Bakhtin. Ao escrever, a criança permite à professora, seu *outro*, um excedente de visão que revela sua adequação (letra mais ou menos *bonita*) a um modelo de sujeito que esse outro espera encontrar.

Vimos com Bakhtin (2000) que o acabamento do *eu* vem de fora, através da posição exotópica do *outro*, que emoldura o sujeito inserindo-o em um contexto. O lugar de onde vejo o outro e de onde ele me vê é sempre social, o que no caso da relação professor-aluno, se agrava pela posição de poder que ocupa esse *outro*. Através do recurso ao exame, aos registros e às classificações que acompanharão essa criança, a constituição subjetiva se dará pela qualificação de um aluno adjetivado. Trazendo esse conceito de acabamento, na verdade discutido como atividade estética, Bakhtin apresenta seu entendimento sobre a incompletude do ser humano, ou seja, a relação com a alteridade de natureza constitutiva, não apenas na arte, mas também na vida. Mas, na vida, de maneira distinta à da arte "não nos interessa o todo do homem, mas apenas alguns de seus atos com os quais operamos na prática" e, o que é mais grave:

> (...) mesmo onde apresentamos definições acabadas de todo o homem — bondoso, mau, bom, egoísta, etc. —, essas definições traduzem a posição prático-vital que assumimos em relação a ele, não o definem tanto quanto fazem um certo prognóstico do que se deve e não se deve esperar dele, ou, por último, trata-se apenas de impressões fortuitas do todo, ou de uma generalização empírica precária (...) (2000, p. 11).

Essa compreensão da relação entre o *eu* e o *outro* expressa a concepção bakhtiniana da importância da alteridade na constituição do ser humano, contudo, não se pode entendê-la enquanto uma identidade total ente o sujeito e o outro, pois isso significaria a perda da individualidade do sujeito e do seu lugar próprio. Isso talvez tenha permitido ao João o reconhecimento do próprio mérito: desenhou o elefante no *E*.

> Lídia passou para a tarefa seguinte: "Pulem uma linha, embaixo da figura coloquem o número três". Começou um ditado. A professora pediu: "Coloquem o número 1". João estranhou: "De novo?" Lídia tentou explicar: "É o 1 dentro do 3, onde vão colocar a palavrinha que eu vou ditar" (28/4/2008).

A sequência dos deveres no caderno também suscitava dúvidas e era necessária a construção de uma lógica de seriação muito própria à escola para dar continuidade à tarefa até então desconhecida. Ao mesmo tempo em que aprendia a repartir o escrito em itens e subitens, João denunciava a ruptura entre a lógica do cotidiano e a da escola, que deveria transformar conceitos espontâneos em conceitos científicos a partir da mediação da professora. Nesse caso, ao contrário do que aborda Vigotski (2001), a mediação não possibilitava a síntese dialética necessária ao processo, pelo contrário, a explicação pautava-se na funcionalidade de cumprir a ordem — *onde vão colocar a palavrinha que eu vou ditar* — e não na aproximação dos conceitos de diferente natureza.

Por outro lado, a sequenciação nas culturas infantis é elemento participante de várias brincadeiras: a contagem para o pique-esconde, o placar de jogos, a brincadeira de adedanha, entre outras. O subitem, no entanto, é elemento típico da cultura escolar ou da escrita acadêmica, não pertencendo à realidade imediata das crianças. Elementos aparentemente semelhantes — afinal tratava-se de escrever o algarismo 1 — referem-se portanto a ordens de discurso distintas, cada qual produtora de uma espécie de subjetivação.

DE CRIANÇAS A ALUNOS

Dentro da mesma escola, havia diferenças significativas nas práticas da Educação Infantil e do Ensino Fundamental.

> Carmen fez uma atividade com a música do "Pai Francisco". Dividiu a turma em dois grupos e, ora um era o "Pai Francisco" e outro o "Senhor Delegado", ora invertiam-se os papéis. Fui incluída na brincadeira, participei de tudo que eles faziam.
> Depois, Carmen pediu que as crianças escrevessem seus "nomes novos" (com letra cursiva) e desenhassem os elementos da música que tínhamos aprendido. Escreveu como título dessa atividade: ILUSTRAR CANÇÃO PAI FRANCISCO, falando letra a letra cantando. Algumas crianças escreviam seus nomes no lado oposto da folha, mesmo assim, continuavam com a mesma folha, que não era apagada ou substituída, apenas virada para o lado "correto". (20/9/2007).

A maneira de lidar com o erro era distinta. Enquanto, na Educação Infantil, ele fazia parte da história daquela aprendizagem, no 1º ano ele precisava ser apagado, dissolvido enquanto processo que deixava de ter sua importância por uma ênfase exagerada no produto: o acerto.

No evento a seguir vemos uma das crianças do primeiro ano, Mariana, reproduzindo uma conduta habitual da professora: apagar o texto errado do aluno. A reprodução interpretativa mostra a menina se apropriando da ação professoral, ensinando ao colega como se fosse uma adulta.

> Lídia passou a tarefa "em aula". Ela consistia em escrever palavras com p e t — tapete, pião, papai, pipa, tutu — e no outro exercício, as crianças deviam desenhar as palavras escritas. Por fim, havia um trabalho de separar sílabas. Lídia começou a andar pelas carteiras ajudando as crianças individualmente.
> A professora ajudava Paulo a escrever a letra "p": "Desce para a linha de baixo, volta pelo mesmo caminho".
> Lucas recebeu um elogio da Lídia: "Por que apagou? Estava bonito"!
> Mariana acabou o dever.
> Liliane abriu um caderno embaixo da mesa e "colava" as palavras que não sabia.

> As crianças faziam fila para a professora corrigir a tarefa. Mariana veio ajudar o Kauã. Assumiu um ar professoral, segurou a borracha e ficava corrigindo seus erros, apagando o que considerava inadequado.
> Mariana segurou a mão do Kauã, como Lídia fazia e o ajudou a fazer a letra "o". Toda hora Mariana apagava o que Kauã fazia. // Me lembrei de Penélope desfazendo à noite o que bordara de dia. //
> Kauã tentou se rebelar, mas Mariana ficou firme na sua postura: "Vamos embora, faz logo para dar tempo de fazer mais um dever"!
> Mariana e Kauã continuavam o "embate". Ela mostrava o mural e dizia: "É o tatu, o t"!
> Kauã: "É tatu"?
> Mariana: "Não"!
> Kauã segurou a borracha e Mariana vencida escreveu em sua folha. (19/5/2008).

Nesse momento o registro fotográfico ainda funcionava como recurso metodológico complementar à escrita. Entretanto, o texto narrado, quando ilustrado pelas imagens das crianças adquiriu maior concretude.

**Foto 3:** Mariana corrigia Kauã (começo)

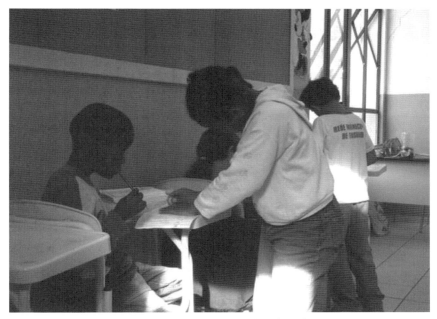
**Foto 4:** Mariana corrigia Kauã (meio)

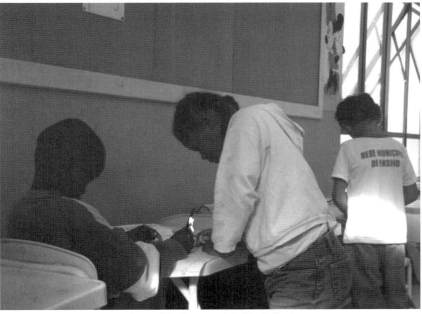
**Foto 5:** Mariana corrigia Kauã (fim)

Ao ter início o uso da escrita no caderno, não mais a colagem das folhas, havia sempre no quadro branco a marca para pular a linha ou virar a página. Aos poucos esse movimento de escrita ocidental da esquerda para a direita, de cima para baixo, foi se fixando como comportamento esperado e conhecido dos alunos.

> Antônio disse: "Tia, acabou a linha". Lídia foi até ele mostrar como fazer. Denis, apesar de estar repetindo o 1º ano, não sabia usar o caderno, colocou o dever ao lado do outro. (7/4/2008).

Nesse início de ano, a professora circulava bastante entre as carteiras para mostrar às crianças como escreverem em seus cadernos. Isso era verbalizado tanto por ela como pelas crianças que perguntavam a todo o momento quando deviam pular linhas ou virar a página.

> As crianças começaram a trabalhar no caderno e João fez perguntas para se assegurar de que estava fazendo o correto: "Começa aqui?"
> A professora respondeu: "Aonde a tia marcou."
> João reclamou: "Tia, a Ludmila está escrevendo!"
> Júlia a defendeu: "Não está não!"
> Lídia explicou: "Ela está adiantando, escrevendo o *em aula*".
> A professora desenhou linhas no quadro e escreveu "Em aula, 28/4/2008" e perguntou: "Hoje é que dia da semana, alguém sabe?"
> Rubens e Denis responderam: "2ª feira".
> Denis queixou-se: "Tia, você não me deu o caderno".
> João, compenetrado na tarefa, perguntou: "Pula linha?"
> Lídia ia orientando a tarefa e pediu que Edmundo escrevesse com uma letra menor, pois "só o Edmundo estava ocupando uma linha inteira".
> A professora falou: "Estou esperando todos ficarem juntos porque o nome do próximo dever é grande e eu quero fazer junto com vocês".
> A professora enfim perguntou: "Escreveram o nome todo? Vamos começar? Pulem a linha de novo e escrevam o número 1".
> Lídia andava pela sala, olhando as tarefas e elogiou o Luís. Ela começou a ditar:
> "Nº. 1 C. O. M. P"... Ela não falou a palavra inteira, foi dizendo letra a letra, chamou atenção para o fato da letra p descer até a linha de baixo. Várias crianças estavam bocejando, Shophie, Antônio, Wellington...

> Os meninos comentavam o jogo de ontem, Flamengo e Botafogo.
> Lídia escreveu a palavra "complete", mas não leu para as
> crianças.
> Caio provocou o João: "O Flamengo é mais time do que o
> Botafogo"...
> Caio, perguntou: "João, qual o time que você torce para o
> Brasil"?
> João não entendeu: "Heim"?
> Lídia chamou atenção das crianças: "Caio depois a gente
> conversa" e leu: "Complete com a sílaba" explicando,
> complete com a sílaba...
> Rubens perguntou: "Você não vai pular linha não"?
> A professora explicou: "Só quando é um novo dever".
> João perguntou: "Pode continuar na mesma linha"?
> Lídia: "Pode". (28/4/2008).

A subjetividade que se produz nesse contexto aproxima-se da fabricação de um aluno. Note-se que, ao falar de uma *produção da subjetividade*, estamos deixando de lado a perspectiva de que ela fosse pré-social, uma vez que se trata de um processo social permanente que reflete o contexto sociocultural na qual se constitui (Hardt; Negri, 2001).

Trazendo essa discussão para a escola, percebemos que ela está inserida de forma ativa na produção das subjetividades. Ao mesmo tempo em que é atravessada pelas determinações sócio-históricas, ela contribui para a configuração do sujeito tanto pelas relações de poder entre professores e alunos, quanto pela maneira de conceber a aprendizagem e transmitir o saber.

Para efeito de análise, todo enunciado deve ser situado igualmente nos contextos sociais mais amplos e imediatos. Todo o enunciado se dirige a alguém, portanto a dinâmica social que envolve locutor e interlocutor se manifestará na enunciação. Na sala de aula, as crianças são capazes de utilizar tipos diferentes de enunciados quando se dirigem ao professor e quando se dirigem aos seus colegas.

Tomando o evento anterior como um recorte representativo das situações escolares é possível perceber que se trata, simultaneamente, de um espaço de construção de identidades pré-definidas através das práticas discursivas carregadas de valores e espaço aberto à transgressão. As falas trazidas ali participam do elo da corrente ininterrupta de comunicação, portanto trazem indícios de outras falas. É possível perceber que as crianças, ao dirigirem suas falas à professora apresentam duas maneiras de fazê-lo: através de perguntas ou de queixas sobre algo que escapara ao *script* definido.

---

Perguntas: "Começa aqui?", "Pula linha?", "Você não vai pular linha não?", "Pode continuar na mesma linha"?

Queixas: "Tia, a Ludmila está escrevendo!", "Tia, você não me deu o caderno".

---

Não há espaço nesses diálogos para que as crianças expressem seus interesses, suas questões ou ainda que estabeleçam um diálogo autêntico e não uma confirmação de que estão fazendo o que se espera delas. A fala da criança dirigida ao adulto na situação de aula mostra uma relação bastante assimétrica na qual o adulto detém o conhecimento e poder.

Nesse mesmo evento, entretanto, quando falam entre si, as crianças expressam o que pensam, o que lhes interessa e manifestam suas opiniões, seja na defesa feita por Júlia de uma colega acusada de estar escrevendo — *Não está não!* — ou ainda, na provocação de Caio ao João — *O Flamengo é mais time que o Botafogo*.

Para a sociedade disciplinar o controle dos corpos e a escola estão ligados:

> O momento histórico das disciplinas é o momento em que nasce uma arte do corpo humano, que visa não unicamente o aumento de suas habilidades, nem tampouco aprofundar sua sujeição, mas a formação de uma relação que no mesmo mecanismo o torna tanto mais obediente quanto é mais útil e, inversamente (Foucault, 1977, p. 133).

Comportamentos típicos do sujeito aluno ficaram visíveis no primeiro dia de aula do Ensino Fundamental. As crianças que não compunham a turma da Educação Infantil do ano anterior possuíam em seu repertório de ações apropriadas para o espaço escolar o levantar a mão para ser atendido pela professora, o deitar a cabeça na carteira para esperar o tempo passar, a noção exata de que a sala de aula não comportava brincadeiras que significassem deslocar o corpo pelo espaço, falar alto ou correr. A construção desse repertório se deu de forma progressiva a partir da mudança do ano.

> É fácil ver a analogia entre as operações disciplinares que visam à docilização dos corpos — principalmente infantis, no caso da escola — e as operações que visam à organização dos saberes. Em qualquer caso, são operações de confinamento, quadriculamento, distribuição, atribuição de funções, hierarquização. Em qualquer caso, trata-se sempre de organizar economicamente o espaço e o tempo. De um lado — no eixo do corpo —, o objetivo é maximizar a força útil do corpo e do trabalho que dele se extrai, à custa da menor força política que sobre ele se aplica. De outro lado — no eixo dos saberes —, o objetivo é maximizar a inteligibilidade, à custa da menor dispersão e indeterminação dos saberes. (Veiga-Neto, 2002, p. 172).

As implicações para os sujeitos da aquisição desse código de conduta se farão sentir ao longo da vida escolar ou pessoal. A ação disciplinar, portanto avançava para o controle dos corpos, em busca de torná-los cada vez mais dóceis.

## Crianças e alunos: o cotidiano e as táticas de resistência

Certeau pensa o cotidiano a partir do que ele apresenta enquanto possibilidade de invenção. Corresponde a uma dimensão histórica na qual o sujeito comum elabora práticas de interpretação do mundo construindo pequenas resistências e pequenas liberdades com as quais subverte a racionalidade do poder. Para o autor, os sujeitos encontram uma maneira sutil e silenciosa para criar brechas na opressão, ou seja, na construção do cotidiano, as crianças não serão meras reprodutoras de padrões socioculturais vigentes. "Esse modos de proceder e essas astúcias de consumidores compõem, no limite, a rede de uma antidisciplina (...)" (1994, p. 41-42).

Se as táticas se traduzem em maneiras de fazer, onde o "fraco" se apropria dos elementos destinados a ele e cria uma nova sintaxe, vamos examiná-las nas ações das crianças na escola. Para Certeau, a tática:

> (...) só tem por lugar, o do outro. Ela aí se insinua, fragmentariamente sem apreendê-lo por inteiro, sem poder retê-lo a distância. Ela não dispõe de base onde capitalizar seus preparar suas expansões e assegurar uma independência (...) o que ela ganha não guarda. Tem constantemente que jogar com os acontecimentos para transformá-los em *ocasiões* (1994, p. 46-47).

Ao mesmo tempo em que aprendiam a ser alunos, as crianças descobriam seu poder de resistência. Várias foram as manifestações dessa potência. As maneiras de fazer as atividades escolares se traduziam numa gama de acontecimentos transformados em *ocasiões*:

> A tarefa consistia em riscar no papel as letras a e circular as letras e. Lídia cantava uma música para distinguir os sons do 'e', referindo-se aos sons ê e é, pensei logo no som de i, que nem foi citado. Durante a atividade a professora incentivava, elogiava e consertava com as crianças o que estava incorreto. Em vários casos, fazia junto, segurando a mão da criança.. Júlia parecia ter dificuldades de fazer a tarefa, conversava, levantava. Fazia cara de exausta. Júlia tentou outra estratégia, ela riscava todas as letras e ia mostrar para a professora que a corrigia: — Não, essa é a letra t... Com esse movimento, Júlia observava o dever dos colegas que tinham terminado e que estavam sendo colados em seus cadernos. (15/3/2008)

Antes mesmo de dominar a leitura e a escrita, Júlia já havia aprendido a "colar" como tática de sobrevivência na escola. Assim como esse, outros exemplos revelam que as crianças não se submetem de maneira passiva ao que aos códigos da cultura escolar, pelo contrário, se apropriam deles e os ressignificam através da cultura de pares.

> A professora viu algo que Caio estava fazendo e brigou: "Caio está fazendo gracinha? Está sem recreio"! Caio revoltado abaixou a cabeça. Lídia continuou a atividade: "Pulem uma linha, vamos para o número 4". E pediu que escrevessem o alfabeto em letras minúsculas. Não vi o que houve com o Caio, só escutei a bronca da professora, dizendo que ele estava sem recreio. Caio ficou revoltado, sentou-se com a cabeça baixa, abraçou a cabeça com as mãos. (28/4/2008).

É interessante observar que o ato que tem como função original comunicar submissão — deitar a cabeça e esperar silenciosamente a próxima atividade — foi utilizado por Caio para expressar a raiva que sentia naquele momento. Ficou evidente, para todos, o que o menino sentia, no entanto, nada em seu comportamento permitia que a professora o repreendesse de novo, o que seria inevitável se a expressão da raiva se desse verbalmente ou por outro comportamento típico de quem se zangou. Os gestos, nesse caso, tal como a palavra, são polifônicos e permitem a inserção de dados de outro contexto num texto, alterando sua significação. Isso foi possível porque, através da cultura de pares, Caio reproduziu interpretativamente a ação de abaixar a cabeça e, de maneira sabida, usou do próprio repertório gestual aprovado pela escola para manifestar-se contrário ao que ocorria.

O silêncio é um conceito particular dentro da escola. A dinâmica na sala de aula é de movimentação permanente das crianças, embora a um observador apressado, pudesse parecer que a aula transcorria dentro da representação que fazemos dela: com a professora explicando a tarefa e as crianças a executando de maneira ordeira. Na prática, o cotidiano revela uma série de ações que ocorrem em paralelo e são invisíveis ao olhar — e inaudíveis aos ouvidos — de quem pretende ver somente a dimensão opressora da realidade. Os próprios corpos se revelam menos dóceis do que imaginávamos e as crianças circulam, autorizadas ou não, pelo espaço escolar:

> Enquanto esperávamos para descer ao refeitório para beber o leite, as crianças conversavam livremente, sem muito barulho, cada qual em sua carteira. Havia apenas uma menina na sala hoje, a Isabela, que fazia ponta em seus lápis próxima à lixeira.
> João fez uma careta para Isabela quando ela estava discutindo algo com Juliano. Fomos ao refeitório e, na volta, a professora escreveu a lição no quadro. Isabela foi apontar o lápis de novo. Quando terminou, Ana Maria sentou-se com Lucas e começou uma atividade diferenciada com ele, enquanto os demais faziam a tarefa. Ela retirou uns cartões com sílabas e pedia para ele juntá-las formando palavras. Ela ficou um tempo razoável dando atenção individual ao menino.
> João e Juliano falavam o tempo todo. Agora Isabela também participava da conversa. Juliano levantou e foi até João, depois retornou ao seu lugar. Isabela foi fazer ponta pela terceira vez. Enquanto isso, Wagner parecia fazer contorcionismo em sua cadeira, indo parar embaixo da carteira. E...
> Isabela foi apontar o lápis... quarta vez.
> Kauã fazia movimentos de luta marcial em sua carteira. Renan que ainda não havia terminado entrou na brincadeira do colega.
> Caio me ofereceu uma bala. Agradeci.
> Ana Maria percebeu que Renan não havia terminado o trabalho e chamou sua atenção dizendo que ele já poderia ter terminado, mas conversava tanto.
> Caio se levantou e foi ao banheiro com permissão da professora. Novamente João e Juliano estavam conversando muito. Ana Maria repreendeu: "Eu já falei que não quero João dando confiança para Juliano e Juliano para João para fazerem coisa errada". E avisou que assim que o Caio voltasse faria o ditado.
> Kauã tirou uma caixa de lápis de cor da mochila enquanto Wagner brincava com um bonequinho e Rubens e João conversavam baixinho. Gabriel conversava com Kauã. Lá se foi Isabela, pela quinta vez, apontar o lápis. Caio retornou e Ana Maria fez o ditado. (13/4/2009).

Aqui é possível identificar uma variedade de pequenas ações e movimentos que deixa clara a não submissão das crianças e sua potência. O corpo não fica sentado na carteira, vai ao banheiro, levanta até o colega, se espreguiça, faz contorcionismo, aponta lápis. As interações entre as crianças também não cessam durante as atividades e, mesmo ações proibidas, como comer bala, podem ocorrer sem serem notadas. Trata-se da calmaria mais agitada que já vi.

> Enquanto Lídia chamava as crianças à sua mesa para olhar as tarefas, Kauã perturbava Rubens que, a princípio, não queria brincar. Conseguiu convencê-lo a fazer queda de braço. Caio corrigiu Kauã, mostrando que a regra do jogo exige que os cotovelos estejam apoiados na mesa. Caio passou a funcionar como juiz, depois desafiou Kauã que havia ganhado e o venceu. (23/3/2008).

Mesmo envolvendo os adultos na sua função de repressão, as crianças conseguem subverter a ordem e transformar em diversão o que poderia gerar tão somente uma reprimenda.

> Durante a aula, João e Luís brincavam com os lápis como se fossem personagens. João dedurou: "Tia, a Giovana está chupando bala".
> Giovana escondeu a bala na boca e João mandou: "Abre a boca toda"!
> Giovana escondeu debaixo da língua.
> João riu e disse: "Está lá"!
> Luís riu também
> João perguntou ao Luís: "Você viu Madagascar"?
> Luís: "Sim".
> João imitou um bicho do filme e voltou-se para Giovana de novo: "Deixa eu ver embaixo da língua"? (7/4/2008).

A análise das fotografias revelou cenas e comportamentos não percebidos nos registros escritos do campo, revelando nuances de ações que aos poucos se tornavam invisíveis, pois que não eram os comportamentos esperados para alunos. A fotografia permitia o congelamento de eventos que configuravam o contato entre as crianças e dava visibilidade à mobilidade permanente dos corpos infantis em sala de aula, suas atitudes de solidariedade, suas ações de reprodução interpretativa entre outras.

**Foto 6:** Kauã conversava com Caio.

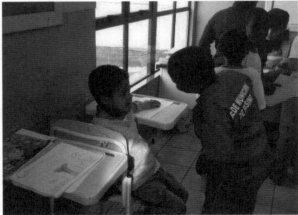

**Foto 7:** Renan de pé ao lado de Lucas.

**Foto 8:** Caio faz a tarefa de pé.

O movimento não reconhecido ou autorizado estava o tempo todo presente na sala de aula. De certa forma era como se houvesse um plano visível e legítimo: a aula, elemento mais imaginário que real diante da complexidade da concretude onde, em nenhum momento, as crianças deixavam de serem crianças para se tornarem alunos, abstração redutora de sua condição social de sujeitos de pouca idade.

Embora o brinquedo seja um suporte importante para a cultura lúdica (Brougère) concordo com o autor quando diz que

> A cultura lúdica é, antes de tudo, um conjunto de procedimentos que permitem tornar o jogo possível. (...) consideramos efetivamente o jogo como uma atividade de segundo grau, isto é, uma atividade que supõe atribuir às significações de vida comum um outro sentido, o que remete à ideia de fazer de conta, de ruptura com as significações da vida quotidiana. Dispor de uma cultura lúdica é dispor de um certo número de referências que permitem interpretar como jogo atividades que poderiam não ser vistas como tais por outras pessoas (1998, p. 4).

As crianças não ficam presas a uma funcionalidade. Elas transformam os objetos da cultura escolar em objetos das culturas infantis fazendo da escola, no cotidiano, uma arena cultural, um espaço de encontro entra a cultura legitimada e a não autorizada.

**Foto 9:** Júlio César começou a pescaria da borracha e apontador.

**Foto 10:** Júlio César continuava a brincar de pescaria.

Pedaços de barbante, lápis, restos... Pois, como diz Benjamin, "a criança também escolhe os seus brinquedos por conta própria, não raramente entre objetos que os adultos jogaram fora. As crianças fazem a história a partir do lixo da história". (1984, p. 14). No evento fotográfico a seguir, Kauã brinca com seu lápis, fazendo dele um avião:

**Foto 11:** Kauã e o avião (início).

# DE CRIANÇAS A ALUNOS

**Foto 12:** Kauã e o avião (meio).

**Foto 13:** Kauã e o avião (final).

Foi possível identificar nas relações entre os irmãos que estudavam na mesma sala alguns comportamentos de solidariedade e apoio. Interessante notar que, para que esse encontro tivesse podido acontecer, o irmão mais velho havia repetido o ano anterior, entretanto, essa condição não afetava seu prestígio e posição junto ao irmão mais novo.

> Paulo levantou-se e foi ajudar Kauã com a tarefa, escreveu para ele, mostrou no caderno e, enquanto fazia isso, perdeu-se no ditado. Paulo apagou o dever do irmão para que ele fizesse novamente. Lídia reparou o menino ajudando o irmão, mas não interferiu, apenas confirmou verbalmente: "Está ajudando seu irmão?" Paulo "incorporou" o professor, apagou várias vezes o que o irmão fazia, explicou, pegou na mão do irmão para escrever com ele. (7/4/2008).

Embora de forma discreta, era frequente que irmãos partilhassem materiais escolares. Havia uma solidariedade expressa através de pequenas atitudes como os empréstimos de lápis, borrachas, apontadores. As crianças cuidavam umas das outras no dia a dia escolar.

Foto 14: Paulo passava a borracha para o irmão.

DE CRIANÇAS A ALUNOS 159

Foto 15: Kauã buscava auxílio com Paulo.

Essa relação entre os irmãos perdurou por todas as observações. Havia uma preocupação e um cuidado de Paulo com seu irmão, que permite colocar em questão se o que ele fazia era uma maneira de — por dentro do sistema escolar — evitar que Kauã passasse pelas mesmas dificuldades que ele havia passado no ano anterior. O fato é que ambos foram promovidos ao 2º ano, enquanto a dupla de irmãos Caio e André — que não desenvolveram ações solidárias tão evidentes — não foi bem-sucedida, André não foi aprovado.

```
A professora incentivava: "Vamos tentar fazer sozinhos, é
só colocar a sílaba final". As palavras eram: caneta,
sorvete, gaveta, pata, barata, tomate, alicate.
Lídia chamou atenção para o fato de que a escrita de sorvete
é com "e" e falamos "sorveti", mas a letra usada é o "e".
João conseguiu fazer a tarefa bem rápido. Paulo explicava
o dever para o irmão, Kauã. Denis e Mariana me pediram
ajuda e eu ajudei um pouco, pedindo que depois vissem com
```

> a Lídia se estava correto. Kauã entregou seu trabalho para
> o irmão corrigir, depois, foi para a fila das crianças que
> iam mostrar o trabalho para a professora. Lídia, ao ver o
> trabalho do Kauã perguntou: "O seu irmão ajudou?" Kauã
> confirmou, em seguida voltou para a sua carteira e mostrou
> a tarefa corrigida para o irmão, Paulo copiou ou corrigiu
> o dever e foi para a fila. (7/4/2008).

Foto 16: Paulo ajudava Kauã.

Apesar de ter logrado sucesso com sua tática, Paulo teve um preço a pagar por suas ações: passou para o ano seguinte com dificuldades não resolvidas do ano anterior.

> As crianças faziam o trabalho e me olhavam eventualmente
> dando sorrisos cúmplices. Paulo fazia as tarefas com
> dificuldades. Ana Maria me contou que ele estava bem pior

que o Kauã, seu irmão. Caio deixou o lápis cair perto de
mim, peguei para ele e ele agradeceu. (13/4/2009).

Ainda em relação às táticas das crianças para se rebelarem contra
a cultura escolar e suas exigências havia uma especialmente utilizada:
não fazer nada, ou melhor, fazer muitas coisas, desde que nenhuma
delas fossem as tarefas escolares, dedicar-se a um tempo tido como
improdutivo na lógica adultocêntrica.

> Kauã estava absolutamente disperso. Contou as crianças,
> brincava com seu lápis. Avisou a Shophie que havia uma
> canetinha no chão. William e Shophie não acreditaram em
> Kauã que pediu para Yasmin confirmar se havia ou não. Diante
> da confirmação da colega, William pegou a caneta e guardou
> na mochila. Kauã ficou danado: "Não é assim! Não é sua"!
> William respondeu: "Nem sua"!
> Kauã começou a rabiscar a carteira com o lápis. Depois
> contou para Caio que William havia guardado a caneta na
> mochila. A conversa era bem baixinha para não atrapalhar.
> Kauã estava cantando baixinho, cruzou as pernas na cadeira.
> Começou a fazer sons de carro de corrida. Caio pegou um
> papel de bala e ficou brincando com ele nas mãos. Caio
> dedurou: "Tia, olha o Caio comendo bala"! Lídia o repreendeu:
> "Que coisa feia ficar tomando conta da vida dos outros".
> (19/5/2008).

## Sobre transições e rupturas

Um dos aspectos que mais se destacou na passagem da Educação
Infantil para o Ensino Fundamental foi a maneira abrupta com que
deu a transição. Se formos em busca dos eventos primários que, para
Corsaro e Molinari, seriam ocasiões que antecipam transições iminen-
tes na vida das crianças e têm como objetivo prepará-las para a mudança, praticamente não os encontramos. Eles se manifestariam em:
celebrações, atividades, discursos ou oportunidades de compartilhar
informações, ou seja, seriam ações que apresentariam para o grupo de
crianças as novidades que estão por vir na etapa seguinte (Corsaro,

2005b). Uma única atividade pôde ser classificada como tal: os deveres de casa que no final do terceiro período começaram a ser prescritos nas sextas-feiras.

A concepção de Educação Infantil no município de Três Rios pode ser depreendida através da análise dos documentos legais que orientam as ações nessa etapa da Educação Básica. Dentre eles, a Deliberação n.º 001/2007 CME/TR (anexo 1) que altera a Deliberação anterior onde são fixadas as normas para a Educação Infantil no Sistema Municipal de Ensino no Município de Três Rios para atender à Lei n. 11.274, de 6 de fevereiro de 2006. Nesse documento, o município apresenta a sua concepção de criança como orientadora da proposta pedagógica e

> reconhecida como cidadã, como pessoa em processo de desenvolvimento, como sujeito ativo da construção do seu conhecimento, como sujeito social e histórico, marcado pelo meio em que se desenvolve e que também o marca (Três Rios, 2007, p. 3).

A influência dessa forma de ver as crianças estava presente nas práticas observadas na turma durante o terceiro período da Educação Infantil. Quando chegaram no Ensino Fundamental, entretanto, as crianças foram recebidas, em termos de legislação pelos documentos oficiais nacionais — a LDB (Lei n.º 9.394, de 20/12/96) e o PNE (Lei n. 10.172, de 9/1/01) — e, a nível municipal, pela Deliberação n. 2001/09 CME-TR, de 20 de março de 2009, que preocupa-se com a grade curricular do Ensino Fundamental diurno da Rede Municipal de Ensino de Três Rios (anexo 2). O foco se deslocou do olhar sobre o sujeito para a preocupação com currículos, conteúdos e horas/aula.

Embora no artigo 9º, item XII da Deliberação nº 001/2007 CME/TR esteja expresso que a Instituição de Educação Infantil deve elaborar e executar sua proposta considerando o "Processo de articulação da Educação Infantil com o Ensino Fundamental." (Três Rios, 2007, p. 3), na prática essa articulação não acontece. A Educação Infantil do município se orienta basicamente por projetos, enquanto eles parecem desaparecer no Ensino Fundamental, cedendo espaço a exercícios mimeografados e abordados numa perspectiva mais tradicional de educação.

A própria concepção do corpo da criança adquire visões particulares de acordo com o segmento no qual está inserida, pois no documento "Projeto de revitalização pedagógica para a Educação Infantil — uma ciranda de ação", de Terra (mimeo., sem data), material que subsidia a prática da Educação Infantil no município, o movimento insere-se no capítulo sobre conhecimento de mundo, merecendo destaque em sua abordagem. Lá encontramos que:

> O movimento é uma importante dimensão do desenvolvimento e da cultura humana (...) é uma linguagem que permite às crianças agirem sobre o meio físico e atuarem sobre o ambiente humano, mobilizando as pessoas por meio de seu teor expressivo (Terra, s.d., p. 20)

As contradições se explicitam quando, para as crianças de até cinco anos e onze meses o movimento é prática pedagógica valorizada e, ao completarem seis anos e ingressarem no Ensino Fundamental a disciplina de Educação Física recebe a classificação de "sempre presente" na grade curricular (anexo 3), porém não era ministrada para as crianças do primeiro ano.

Na prática, o que viveram as crianças e, por consequência a pesquisadora, foi uma transição que não incluiu a perspectiva dos ritos de passagem, como descreve Van Gennep (1978), que deveriam trazer uma sequência que incluísse "separação", "transição" e "incorporação" na saída da Educação Infantil e ingresso no Ensino Fundamental. Por decorrência, o que Corsaro e Molinari (2005b) identificam como uma "ponte" que liga espaços ou territórios deixou de ser construída no contexto observado e não permitiu que as crianças alcançassem a zona de liminaridade (Turner, 1974, p. 95), um espaço-tempo novo, entre duas posições definidas socialmente.

Esse foi o susto do primeiro dia de aula no Ensino Fundamental, foi também o mote para que as questões da tese sofressem a correção de rumo que acabou por acontecer.

A temática da transição merece atenção especial nas práticas pedagógicas da Educação Infantil. No documento Subsídios para Diretrizes Curriculares Nacionais Específicas da Educação Básica[4] encontramos que:

> Na elaboração de suas Propostas Pedagógicas as instituições de Educação Infantil deverão prever estratégias para lidar com as diversas transições vivenciadas pelas crianças. Essas transições envolvem, desde a passagem entre o espaço privado — da casa — ao público — da instituição, quando do ingresso da criança na creche, na pré-escola ou na escola, até aquelas que acontecem no âmbito do próprio segmento: entre as diferentes faixas etárias; entre instituições, no caso da passagem da creche a pré-escola; entre turnos e/ou entre docentes, no caso das crianças que frequentam a instituição em turno integral; e, num mesmo turno, entre os diferentes momentos que compõem as rotinas diárias (Brasil, 2009, p. 40).

Pela tensão que comporta cada transição, o documento sugere uma atenção especial a alguns momentos específicos. Inicialmente, ao ingressar na creche é de extrema importância a percepção de que a criança está ingressando num espaço público e participando de forma mais ampla como um agente social. O papel do professor enquanto mediador nesse momento é fundamental no estabelecimento das relações da criança com outras crianças, adultos, objetos e a linguagem.

Na passagem para a pré-escola é importante observar que apresenta maior domínio da linguagem oral, maior conhecimento do seu corpo e de seus movimentos. Ao adulto compete ainda a mediação das relações sociais e com os objetos do conhecimento. Nessa etapa as rotinas são estruturantes, porém não devem engessar as possibilidades de criação.

Para a transição da pré-escola para o Ensino Fundamental, atenção especial deve ser dada à brincadeira e suas exigências de espaço e tempo. Quanto à natureza das atividades, devem ser privilegiadas as

---

4. Documento elaborado com assessoria de Kramer.

de expansão em detrimento de atividades de contenção; as vivências significativas em detrimento de exercícios de cópia e/ou repetição; a construção da autonomia em detrimento das propostas pautadas na passividade (Brasil, 2009, p. 41).

Podemos perceber que, nas práticas observadas na escola pesquisada, não houve um cuidado específico com a questão da transição. As propostas pedagógicas da Educação Infantil e do Ensino Fundamental do Município de Três Rios não dialogam entre si. Turmas alojadas num mesmo prédio escolar vivenciam realidades extremamente diversas, manifestas nos olhinhos compridos das crianças mais velhas que vinham beber água no pátio quando lá estava a Educação Infantil:

> A brincadeira era de "laranja da china". Carmen ia dando instruções às duplas e fazia ela mesma com Lucas que estava sem par. Fiquei observando. Ela mandava colarem os rostos, depois as costas, depois os joelhos, os bumbuns, os cabelos ("Cuidado com os piolhos"!) mandava andarem pela quadra. Percebi uma criança maior passando para ir ao bebedouro, ele ficou olhando com certa nostalgia para nossa turma e se demorou um bocado lá. (9/8/2007).

Interessante registrar que, no segundo ano, várias das tensões do ano inicial haviam se dissipado.

> Ana Maria começou a falar com as crianças sobre a data: "Quinta-feira foi dia 9, sexta, 10, sábado 11, domingo, 12. Hoje é"...
> Crianças: "Treze".
> A professora marcou a data no calendário no mural. Chamaram a turma para o leite. As crianças se levantaram e saíram, sem tumulto ou confusão. A ida para o refeitório não era necessariamente em fila, mas Isabela ia à direita da professora e os meninos à esquerda. João me perguntou: "Ô Flávia, é verdade que um mês tem 30 dias?" Respondi que sim e ele falou que esse mês já estava terminando. (13/4/2009).

Havia uma liberdade maior em sala de aula em termos de movimentação das crianças e, como a turma era composta por quinze alunos havia uma maior facilidade em atendê-los individualmente.

> Quando chegou a hora do almoço e nos dirigimos ao refeitório novamente, Ana Maria me contou sobre os progressos do Caio. De fato, o menino estava com uma expressão mais relaxada, mais feliz. Ela relatou que ele era muito esperto, havia perguntado, no primeiro dia de aula, se ela sabia que se a professora agredir o aluno, vai presa. Ela respondeu que sabia e que ninguém, nem pai nem mãe, pode agredir uma criança. Terminada a merenda, me despedi. (13/4/2009).

A que tipo de agressão Caio se referia? Não houve episódios de violência na escola no ano anterior que eu tivesse presenciado. Calculei então que a violência a que Caio fora exposto dizia respeito às práticas escolares do primeiro ano, ano da alfabetização que ele precisou cumprir por duas vezes, violência que "apagou" o brilho de Júlia, calando aos poucos aquela que era uma liderança ativa na Educação Infantil e, cada vez mais calada, tornou-se aluna reprovada no ano seguinte. A violência que fez Paulo, apenas um ano mais velho que Kauã responsabilizar-se por ele tal qual um adulto. A mesma violência ainda que fez com que a professora do 1º ano se sentisse rejeitada e que pode ser identificada nessa fala:

> No refeitório, encontramos com as crianças do 1º ano. Lídia se aproximou e me disse que sentia pena da mudança brusca da Educação Infantil para o Ensino Fundamental, relatou o caso de uma aluna que disse que não queria ser da sala dela, queria continuar com a Carmen, e agora, sempre que contava histórias, sentava com as crianças no chão em rodinha. (13/4/2009).

Sugiro que o leitor leve em consideração esses dados da realidade para não incorrer num julgamento apressado das ações das professoras. Na verdade Carmen, Lídia e Ana Maria, além de personagens individuais, com histórias próprias, são também o retrato da rede municipal em que estão inseridas, (re)produzindo em suas práticas, mais ou menos solitárias, a realidade das extremidades dos segmentos da Educação Básica, a qualidade da formação inicial e continuada a que tiveram e têm acesso e principalmente a realidade da descontinuidade entre as propostas pedagógicas da Educação Infantil e do Ensino Fundamental. As questões tratadas na tese devem levar em consideração não só a realidade imediata, mas as políticas educacionais que as norteiam.

# Considerações finais

*E a experiência da compreensão será tão mais
profunda quanto sejamos
nela capazes de associar, jamais dicotomizar,
os conceitos emergentes da experiência
escolar aos que resultam do mundo da cotidianidade.*

Paulo Freire[1]

Como estabelecer um diálogo entre os dois segmentos da Educação Básica em questão?

Moss (2008) produz uma análise dos modelos de relação possíveis entre a pré-escola e o Ensino Fundamental[2] que permite ampliar nossa discussão. No seu artigo, o autor identifica um crescimento da demanda por pré-escolas considerando esse fenômeno como uma tendência global exacerbada pela ideia de que a aprendizagem começa com o nascimento e que as experiências iniciais da criança tem significativa relação com seu êxito escolar subsequente.

Na linha das pesquisas internacionais que apontam o retorno econômico dos investimentos em educação, Moss refere-se a pesquisas

---

1. FREIRE, Paulo. **Carta de Paulo Freire aos professores**. *Estud. av.* [on-line]. 2001, v. 15, n. 42, p. 259-268.

2. Na realidade trata-se da análise das relações entre Pré-Escola e escola a partir da realidade dos países ricos, componentes da Organização para a Cooperação e Desenvolvimento Econômico (OCDE).

de economistas que confirmam a margem de retorno dos investimentos na Educação Infantil não compulsória. Assim, destaca o autor, não é de se estranhar que ocorram esforços no sentido de compreender as relações entre esses dois níveis educacionais (2008, p. 225). Logo se percebe que há uma tensão em jogo na medida em que a relação em foco traduz questões de poder ligadas às concepções de educação e de criança que norteiam as práticas específicas de cada segmento.

Moss reconhece uma diversidade de possibilidades diante dos contextos específicos de cada país, ainda assim, reconhece a possibilidade do relacionamento entre as pré-escolas e as escolas se estruturar a partir de quatro possibilidades distintas.

Um primeiro modelo seria o da pré-escola preparatória no qual a relação de poder o pende claramente para o lado da escola obrigatória, ou, no caso brasileiro, para o Ensino Fundamental. A função da Educação Infantil, nesse contexto, é preparar a criança para atender às exigências de conteúdo, de comportamentos e de aptidões motoras exigidas no Ensino Fundamental, especificamente nos requisitos para a aquisição do código de leitura e escrita. O conceito central nesse caso é o de prontidão, que significa o grau de ajustamento da criança ao sistema escolar assim concebido.

> This relationship comes closest to the idea of 'schoolification', with its implications of *ECEC* services increasingly colonised by and resourcing the compulsory school, to serve its needs and interests[3] (Moss, 2008, p. 227, ECEC — early childhood education and care ou Educação Infantil, numa aproximação livre).

Outra relação possível seria marcada pela ausência de diálogo. É um modelo no qual as instituições não buscam convergências e atuam como se fossem fins em si mesmas. A identidade de cada segmento se

---

3. Esta relação se aproxima da ideia de "escolarização", com suas implicações dos serviços *ECEC*, cada vez mais dependentes de recursos à escolaridade obrigatória, para servir a suas necessidades e interesses.

dá mais por oposição à imagem do outro do que por suas características intrínsecas. Para Moss (p. 228), essa ausência de diálogos não condiz com o *Zeitgeist* de um mundo que valoriza as parcerias e não se inclui mais nos discursos políticos atuais, mas persiste como fonte de tensão e desconfiança entre os agentes das diferentes etapas da educação.

Haveria ainda uma alternativa que consistiria em preparar a escola de Ensino Fundamental para receber a criança. Esse modelo se caracteriza pela tentativa de continuidade. O Ensino Fundamental procura manter, nos anos iniciais, práticas utilizadas na Educação Infantil que trazem resultados satisfatórios para as crianças daquela faixa etária. É a escola que se adapta à criança enquanto dá início às transformações necessárias para a sua proposta pedagógica. Segundo Moss (2008, p. 229), para tal, são criadas condições de trabalho partilhado entre os professores dos dois segmentos, de forma a evitar uma ruptura para as crianças quando chegam ao primeiro ano.

Por fim, teríamos um relacionamento onde o que se propõe é um espaço compartilhado ou de encontro. Para Moss, (2008, p. 229) esse seria o modelo ideal. A Educação Infantil e o Ensino Fundamental são instituições com percursos próprios e distintos que guardam tradições pedagógicas marcadas por suas histórias. Assim, uma aproximação somente se faria possível a partir do reconhecimento das experiências de cada uma que, colocadas em contato, permitiriam construir novas formas de relação e práticas educativas que assegurassem uma transição menos brusca de um nível a outro. Seria necessária ainda a construção de uma cultura compartilhada, a partir da aproximação dos conceitos de criança, de aprendizagem, de conhecimento e de educação.

Diante da constatação da antecipação da idade de ingresso à escola em vários países, Moss aponta alguns aspectos que podem contribuir para a construção de um sistema educacional mais integrado e menos opressor para as crianças.

A dimensão do cuidado deve receber especial atenção nessa proposta. Cuidado, nesse contexto, refere-se a uma postura de respeito às necessidades integrais da criança, observando o conforto, a alimentação, a socialização as necessidades de repouso e, ainda, respeitando as necessidades emocionais e características individuais, a identidade racial, cultural e de gênero. A dimensão do cuidado se inscreve numa esfera da ética que deve permear todos os níveis de ensino independente da idade dos sujeitos envolvidos.

Voltar a ênfase para o cuidado não significa abrir mão da dimensão educativa, presente no binômio educar-cuidar. Na realidade, a criança tem direito ao conhecimento e ao reconhecimento de si mesma como um sujeito que integra suas várias dimensões, ou ainda, como um ser bio-psico-social.

As ações possíveis para atingir esse fim são muitas. Corsaro e Molinari (2005b) apontam várias: maior proximidade com as famílias, momentos de integração entre as equipes da Educação Infantil e do Ensino Fundamental, visitas às escolas ou turmas nas quais estarão quando ingressarem no Ensino Fundamental e conhecimento dos novos professores, adequação dos espaços da escola, revisão de rotinas e horários, valorização da brincadeira como atividade infantil por excelência, formações conjuntas para as equipes das duas etapas da educação, suporte das secretarias de educação, entre tantas outras. O que não se pode esquecer é que crianças de seis, sete ou mesmo de dez anos são ainda crianças, estejam mais ou menos escolarizadas. Crianças e alunos e não mais crianças ou alunos.

Evidentemente a Educação Infantil de Três Rios não representa o que é feito no país, assim como seu Ensino Fundamental não dá conta da enormidade de práticas existentes.

Se pensarmos, no entanto na relação dialética entre o micro e o macrossocial, podemos trazer Três Rios para o centro da discussão e pensar sobre o que dessa história se reconstrói no dia a dia das transições escolares. Podemos ainda questionar de que maneira nós, formadores de professores e pesquisadores, produtores de conhecimento científico sobre o assunto temos lidado com essas questões. Mas, para isso esqueceremos a Júlia, o Paulo, o Kauã, o Júlio César, o João. Então, que essa história tenha valido a pena para todos nós.

Tudo que se conclui deixa saudades, lembranças e marcas que daqui por diante farão parte da história dos envolvidos. A escrita captura o momento, cria uma narrativa, ao mesmo tempo ficcional e realista. A história do primeiro dia de aula dessas crianças estará guardada para sempre.

Uma pesquisa que teve início com objetivos bem específicos e foi "tomada" pelos dados da realidade que se impôs: esse é o retrato do que se passou aqui. Foi relevante a mudança de rumos sofrida pela pesquisa, pois, graças a ela, foi possível descortinar uma gama de ações invisíveis que acontecem a todos os instantes em sala de aula.

O trabalho empreendido aqui permite algumas conclusões: dentre elas que:

- As crianças, mesmo submetidas aos constrangimentos inerentes ao papel de aluno, não deixam de exercer sua agência (agency) enquanto grupo social.

- As ações de solidariedade, as táticas de resistência que se apropriam dos códigos permitidos para reproduzirem interpretativamente o que percebem, os corpos permanentemente em movimento, as comunicações escondidas dos adultos, a invisibilidade que conferem a um movimento ininterrupto, tudo isso nos leva a percebê-los bem mais potentes do que a ação disciplinadora permitiria pensar.

- As crianças aprendem a ser alunos sem deixarem de compor um grupo social à parte, com características e cultura próprias.

De qualquer forma, algumas transformações são bem visíveis como:

- O apagamento de lideranças que se destacavam por aspectos não vinculados à cultura escolar, como a de Júlia.

- O domínio de códigos que exigiam maior discrição entre as comunicações ou maior contenção dos corpos infantis.

- Uma nítida separação entre trabalho e brincadeira como características distintivas do mundo das crianças e dos alunos.

Diante disso, algumas considerações se impõem.

Para os professores:

- Que trabalhem a transição entre a Educação Infantil e o Ensino Fundamental através da construção das "pontes" que ligam esses dois segmentos, especialmente a partir da continuidade nas atividades de leitura e escrita que reconheçam a função social desta prática.

- Que percebam as crianças em suas turmas na sua dimensão infantil, não as reduzindo a um papel social componente da condição infantil.

- Que reconheçam nas aprendizagens escolares a função de mediação entre os conhecimentos espontâneos e os científicos para que efetivamente contribuam para a construção das funções mentais superiores.

- Que reintroduzam a dimensão do corpo em sala de aula sem dicotomizar pensamento e movimento.

Em termos de políticas públicas acredito que é chegada a hora de efetivamente integrar a Educação Infantil na Educação Básica.

- É importante buscar elos de ligação entre o que se propõe como trabalho de qualidade para as crianças pequenas e para as crianças em idade escolar.

- É relevante ainda, uma ação de transição que reconheça os eventos primários, introduzindo-os no dia a dia pré-escolar.

- Por fim, a concepção de brincadeira e o reconhecimento da importância da dimensão lúdica para as crianças deveria atravessar os vários segmentos com um espaço garantido para sua existência enquanto o quê caracteriza as várias infâncias.

- O movimento e a expressão corporal deveriam ser olhados como elementos formadores, tanto quanto a escrita, a leitura ou as operações matemáticas, que, por sua vez, deveriam ser trabalhadas a partir de suas funções sociais efetivas de forma a não desvincular os conteúdos escolares da vida real.

- Para que essas ações possam se tornar efetivas, há que se investir na formação permanente das professoras; sem políticas públicas voltadas para essa questão torna-se difícil exigir delas uma ação mais reflexiva.

- Finalmente, os Projetos Políticos Pedagógicos das unidades de ensino precisariam contemplar as transições, reconhecendo sua importância para a vida das crianças. Os Projetos Político Pedagógicos deveriam se constituir em elemento efetivamente norteador das práticas escolares, resguardando alguma autonomia de ação para as escolas.

Acredito que algumas consequências decorram dos achados da pesquisa; dentre elas a necessidade de aprofundar as investigações sobre as culturas infantis dentro da escolarização formal. A sociologia da infância, ao realizar a maior parte de suas pesquisas na Educação Infantil deixa de legitimar a principal questão posta aqui: crianças continuam sendo crianças após o ingresso na escola. A dúvida sobre os limites da infância não pode obscurecer o fato de que, mesmo no interior da sociologia escolar, há um importante aspecto a ser visto: crianças são um grupo geracional, com características e cultura próprias e, como tal, merecem ser estudadas qualquer que seja o contexto no qual se encontrem. Há várias pontas de novelo para serem desenroladas, novas pesquisas devem buscar elucidar novas questões, dentre as quais sugiro:

- De que maneira construir eventos primários na pré-escola sem escolarizá-la excessivamente?

- Quais as estratégias familiares, ou mais especificamente infantis, expressas nas ações de solidariedade entre irmãos?

- Como abordar a leitura e a escrita para que possam ser elementos facilitadores dessa transição?

- De que maneira se dá a passagem das crianças entre o primeiro e o segundo segmento do Ensino Fundamental?

- De que maneira se dá a passagem das crianças/adolescentes entre Ensino Fundamental e Médio?

- De que forma construir um modelo de avaliação mais adequado para uma escola que contemple a dimensão infantil de seus alunos?

Certamente há muitas outras questões não contempladas neste trabalho. Esse foi o esforço de construção de saber a partir de uma realidade concreta e seus agentes. Essa foi a história que escrevemos juntos.

A princípio influenciada por uma visão um tanto maniqueísta, acreditei que seria possível identificar os mocinhos e os vilões dessa história. Difícil o leitor não se deixar seduzir por Carmen, a professora da Educação Infantil, tal como a pesquisadora o foi. Suas práticas, sua concepção de infância, o conhecimento sobre as famílias das crianças atendidas, tudo vai ao encontro de uma concepção de Educação Infantil de qualidade pela qual os pesquisadores e os movimentos sociais tanto lutam. Mais provável a decepção com Lídia, professora honestamente empenhada em fazer as crianças adquirirem os códigos de leitura e escrita, que, no entanto, representa uma prática escolar sobre a qual incidem as críticas daqueles que creem que a linguagem tem uma função de prática cultural que ultrapassa em muito o que dela é feito na escola. Ana Maria, a professora do segundo ano, por sua vez, já encontrou uma turma escolarizada, quase todas as crianças lendo e escrevendo e a tensão entre as culturas infantis e escolar pôde ser vivida de maneira mais amena.

Difícil não reconhecer o esforço de Paulo empenhado em levar Kauã, seu irmão, adiante, poupando-o do que havia sofrido. Duro ver o brilho de Júlia se apagando diante das barreiras que se mostravam intransponíveis naquele momento. Inevitável a alegria de ver Caio superando as dificuldades e seguindo adiante com uma fisionomia menos dura. Muito bom perceber o sucesso de João e acreditar que ele pode se reverter em conquistas para a sua vida.

Cada um desses sujeitos deve ser visto numa dupla dimensão: de um lado pessoas concretas, com suas agruras e suas bem-aventuranças; de outro, personagens de uma história que não cessa de acontecer a cada ano, em cada turma escolar.

Impossível não retomar aqui a ideia de ato ético ou responsivo de Bakhtin que reconstrói a ligação entre a cultura e a vida. Pois,

> Falar de *ato* é falar de um agir geral que engloba os *atos* particulares; por isso, falar de ato é falar ao mesmo tempo de *atos*. O ato como conceito é o aspecto geral do agir humano, enquanto os atos são seu aspecto particular, concreto. Todos os atos têm em comum alguns elementos: um sujeito que age, um lugar em que esse sujeito age e um momento em que age. Isso se aplica tanto aos atos realizados na presença de outros sujeitos como aos atos realizados sem a presença de outros sujeitos, aos atos cognitivos que não tenham expressão linguística etc. Fazê-lo pressupõe, portanto, dois planos *inter-relacionados*: um plano de generalidade, o dos atos em geral, e um plano de particularidade, de cada ato particular. Como se sabe, a generalidade e a particularidade são categorias filosóficas, e o filósofo Bakhtin as considera em sua proposta de filosofia do ato; ele distingue entre o *conteúdo* do ato, isto é, aquilo que o ato produz ao ser realizado, ou seu *produto*, e o processo do ato, ou seja, as operações que o sujeito realiza para produzir o ato (Sobral, 2008, p. 224).

# Referências

ABRAMOVAY, Miriam (Org.). *Juventudes e sexualidade*. Brasília: Unesco, 2004.

AMORIM. Marília. A contribuição de Mikhail Bakhtin: a tripla articulação ética, estética e epistemológica. In: FREITAS, Maria Teresa; JOBIM E SOUZA, Solange; KRAMER, Sonia. *Ciências Humanas e Pesquisa*: leituras de Mikhail Bakhtin. São Paulo: Cortez, 2003, p. 11-25.

AMORIM, Marília. Vozes e silêncio no texto de pesquisa em ciências humanas. *Cadernos de Pesquisa*, n. 116, p. 7-19, jul. 2002.

ANDRÉ, Marli. *Etnografia da prática escolar*. 12. ed. Campinas: Papirus, 2005.

BAKHTIN, Mikhail/VOLOSHINOV. *Marxismo e Filosofia da linguagem*. 10. ed. São Paulo: Hucitec, 2002.

BAKHTIN, Mikhail. *Estética da criação verbal*. 3. ed. São Paulo: Martins Fontes, 2000.

_____. *Questões de literatura e de estética*: a teoria do romance. 4. ed. São Paulo: Hucitec, 1998.

_____. *Problemas da poética em Dostoiéviski*. 2. ed.Tradução de Paulo Bezerra. Rio de Janeiro: Forense Universitária, 1997.

BARBOSA, Marica Carmen Silveira. *Por amor e por força*: rotinas na Educação Infantil. Porto Alegre: Artmed, 2006.

BARRETO, Flavia de Oliveira; SILVESTRI, Mônica Ledo. *Relações dialógicas interculturais*: brinquedos e gênero. Trabalho apresentado na 28ª ANPED, Caxambu, 2005. Disponível em: <http://www.anped.org.br/reunioes/28/textos/ge23/ge23943int.pdf>. Acesso em: 5 jul. 2008.

BARROS, Manoel. *Manoel por Manoel*. In: *Memórias inventadas*: a terceira infância. São Paulo: Planeta do Brasil, 2008.

BENJAMIN, Walter. *Obras escolhidas*. São Paulo: Brasiliense, 1985. v. 1.

_____. *Reflexões*: a criança, o brinquedo e a educação. São Paulo: Summus, 1984.

_____. O narrador: Observações sobre a obra de Nikolai Leskow. In: *Textos escolhidos*: Benjamin, Horkheimer, Adorno, Habermas. 2. ed. São Paulo: Abril. 1983. p. 57-74.

BIRMAN, Joel. *Psicanálise, ciência e cultura*. Rio de Janeiro: Jorge Zahar, 1994.

BORBA, Angela Meyer. *Culturas da infância nos espaços-tempos do brincar*: um estudo com crianças de 4-6 anos em instituição pública de Educação Infantil. Tese (Doutorado) — Faculdade de Educação, Universidade Federal Fluminense, Rio de janeiro, 2005.

BRASIL. Ministério da Educação. Secretaria de Educação Básica. *Subsídios Para Diretrizes Curriculares Nacionais Específicas da Educação Básica*. Brasília, 2009.

_____. Ministério da Educação. Secretaria de Educação Básica. *Parâmetros nacionais de qualidade para a Educação Infantil*. Brasília, 2006.

_____. Lei n. 10.172, de 9/1/2001. Aprova o Plano Nacional de Educação e dá outras providências. Subchefia para Assuntos Jurídicos, Casa Civil da Presidência da República. Brasília, 2001.

_____. Lei n. 9.394, de 20/12/1996. Estabelece as Diretrizes e Bases da Educação Nacional. *Diário Oficial da União*, ano CXXXIV, n. 248, p. 27833-27841, 23 dez. 1996.

BROUGÈRE, Gilles. *Brinquedo e cultura*. 3. ed. São Paulo: Cortez, 2000.

_____. A criança e a cultura lúdica. *Rev. Fac. Educ.*, São Paulo, v. 24, n. 2, jul. 1998.

CANARIO, Rui. *A escola*: das "promessas" às "incertezas". *Educação Unisinos*, v. 12, n. 2, p. 73-81, maio/ago. 2008.

_____. *Escola*: crise ou mutação? In: NÓVOA, Antonio (Org.). Espaços de educação, tempos de formação. Lisboa: Fundação Calouste Gulbekian, 2002, p. 141-151.

DE CRIANÇAS A ALUNOS 181

CERISARA, Ana Beatriz; ROCHA, Eloisa Acires CandalIn; SILVA FILHO, João Josué da; KISHIMOTO, Tizuko Morchida; OLIVEIRA-FORMOSINHO, Júlia (Orgs.). *Formação em contexto*: uma estratégia de integração. 1. ed. São Paulo: s.e., 2002. v. 1, p. 203-236.

CERTEAU, Michel de. *A invenção do cotidiano I*: as artes do fazer. Petrópolis: Vozes, 1994.

CHERVEL, André. História das disciplinas escolares: reflexões sobre um campo de pesquisa. *Teoria e Educação*, Porto Alegre, v. 2, p. 177-229, 1990.

CHEVALLARD, Yves. *La transposición didáctica*: del saber sabio al saber enseñado. Buenos Aires: La Pensée Sauvage, 1991.

CORSARO, William. Reprodução interpretativa e cultura de pares. In: MÜLLER, Fernanda; CARVALHO, Ana Maria Almeida (Orgs.). *Teoria e prática na pesquisa com crianças*: diálogos com William Corsaro. São Paulo: Cortez, 2009. p. 31-50.

_____. Entrada no campo, aceitação e natureza da participação nos estudos etnográficos com crianças pequenas. *Educ.Soc.*, v. 26, n. 91, p. 443-464, maio/ago. 2005a.

_____; MOLINARI, Luisa. *I Compagni*: undertanding children's transition from preschool to elementary school. New York: Teachers College Press, 2005b.

_____. *Friendship and peer culture in the early years*. Norwood, N.J.: Ablex, 1985. [Reimpresso em: HANDEL, G. (Ed.). *Childhood socialization*. New York: Aldine, (1989), 2001].

_____. *The sociology of childhood*. California: Pine Forge Press, 1997.

DELGADO, Ana Cristina Coll; SCHUELER, A. F. M.; MULLER, F. *Festivities for children in Brasil*, 2006. (Relatório de Pesquisa.)

_____; MÜLLER, Fernanda. Em busca de metodologias investigativas com as crianças e suas culturas. *Cadernos de Pesquisa,* maio/ago. 2005, v. 35, n. 125.

DURKHEIM, Émile. *As regras do método sociológico*. São Paulo: Nacional, 1971.

FARACO, Carlos Alberto. *Linguagem e diálogo*: as ideias linguísticas do círculo de Bakhtin. Curitiba: Criar Edições, 2003.

FARIA FILHO, Luciano Mendes de; GONÇALVES, Irlen Antônio; VIDAL, Diana Gonçalves; PAULILO, André Luiz. A cultura escolar como categoria de análise e como campo de investigação na história da educação brasileira. *Educação e Pesquisa*, v. 30, n. 1, p. 139-159, 2004.

FERREIRA, Manuela. O Trabalho de Fronteira nas relações entre géneros em espaços de brincar ao faz-de-conta. *Revista Ex Aequo*, Oeiras: Celta, n. 7, p. 113-128, 2002.

FORQUIN, Jean-Claude. Saberes escolares, imperativos didáticos e dinâmicas sociais. *Teoria & Educação*, Porto Alegre, n. 5, p. 28-49, 1992.

FOUCAULT, Michel. *A ordem do discurso*. São Paulo: Loyola, 1996.

_____. *O sujeito e o poder*. In: DREYFUSS, Hubert; RABINOW, Paul. *Uma trajetória filosófica*: para além do estruturalismo e da hermenêutica. Rio de Janeiro: Forense, 1995a. p. 231-249.

_____. *O poder psiquiátrico*. São Paulo: Martins Fontes, 2006.

_____. *Em defesa da sociedade*. São Paulo: Martins Fontes, 1999.

_____. *A ordem do discurso*. São Paulo: Loyola, 1996.

_____. *Microfísica do poder*. 10. ed. Rio de Janeiro: Graal, 1992.

_____. *História da sexualidade*: a vontade de saber. Rio de Janeiro: Graal, 1988. v. 1.

_____. *Vigiar e punir*. Petrópolis: Vozes, 1977.

FREIRE, Paulo. *Carta de Paulo Freire aos professores. Estud. av.* [online]. 2001, v. 15, n. 42, p. 259-268. ISSN 0103-4014.

FREITAS, Maria Teresa de Assunção. A abordagem sócio-histórica como orientadora da pesquisa qualitativa. *Cad. Pesqui.* [online], n. 116, p. 21-39, 2002b. ISSN 0100-1574.

_____. A perspectiva sócio-histórica: uma visão humana da construção do conhecimento. In: FREITAS, Maria Teresa; JOBIM E SOUZA, Solange; KRAMER, Sonia. *Ciências humanas e pesquisa*: leituras de Mikhail Bakhtin. São Paulo: Cortez, 2003b. p. 26-38.

_____; JOBIM E SOUZA, Solange; KRAMER, Sonia (Orgs.). *Ciências Humanas e Pesquisa*: leituras de Mikhail Bakhtin. São Paulo: Cortez, 2003c.

_____. *Vygotsky & Bakhtin*: psicologia e educação: um intertexto. 4. ed. São Paulo: Ática, 2002a.

DE CRIANÇAS A ALUNOS

FREITAS, Maria Teresa de Assunção. *A abordagem sócio-histórica como orientadora da pesquisa qualitativa*. Cad. Pesqui. [online], n. 116, p. 21-39, 2002b.

_____. *Eu: janela através da qual o mundo contempla o mundo*. 24. ANPED, Sessão Especial: Tecnologia e Subjetividade, Caxambu, 2001.

FREUD, Sigmund. *Recomendações aos médicos que exercem a psicanálise*. In: S. Freud, *Edição standard brasileira das obras psicológicas completas de Sigmund Freud*. v. 12, p. 121-133. Rio de Janeiro: Imago, 1996. (Trabalho original publicado em 1912.)

GEERTZ, Cliford. *A interpretação das culturas*. Rio de Janeiro: LTC, 1989.

GERALDI, João Wanderley. Palavras escritas, indícios de palavras ditas. *Linguagem em (Dis)curso*, Tubarão, v. 3, p. 9-25, número especial, 2003.

GIARD, Luce. História de uma Pesquisa. In: CERTEAU, Michel de. *A invenção do cotidiano I*: as artes do fazer. Petrópolis: Vozes, 1994. p. 9-32.

GÓES, Maria Cecília. As relações intersubjetivas na construção de conhecimentos. In: _____; SMOLKA, Ana Maria (Orgs.). *A significação nos espaços educacionais*: interação social e subjetivação. 2. ed. Campinas: Papirus, 1997. p. 11-28.

_____. *Os modos de participação do outro nos processos de significação do sujeito*. *Temas em Psicologia*, 1, p. 1-5. Ribeirão Preto: Sociedade Brasileira de Psicologia, 1993.

GONDRA, José. Disciplina, corpo e civilização. *Educação e Filosofia*, Uberlândia, v. 23, n. 45, p. 65-100, jan./jun. 2009.

GOULART, Cecília; ALDIGUERI, Maria. Leitura: "sangue novo" para a produção textual. In: *Programa Nacional de Incentivo à Leitura* — PROLER/FBN (Org.). Cursos da Casa da Leitura — Leitura e Cidadania. 1. ed. Rio de Janeiro: Biblioteca Nacional, 2009a. v. 2, p. 51-56.

_____. Em busca de balizadores para a análise de interações discursivas em sala de aula com base em Bakhtin. *Revista de Educação Pública*, v. 18, p. 15-31, 2009b.

_____. Práticas de letramento na educação infantil: o trabalho pedagógico no contexto da cultura letrada. *Teias*, Rio de Janeiro, v. 7, p. 1-19, 2007.

HARDT, Michael; NEGRI, Antonio. *Império*. Rio de Janeiro: Record, 2001.

JAMES, Allison; PROUT, Alan (Org.). *Constructing and reconstructing childhood.* London: Falmer Press, 1990.

JOBIM E SOUZA, Solange. Dialogismo e alteridade na utilização da imagem técnica em pesquisa acadêmica: questões éticas e metodológicas. In: FREITAS, Maria Teresa; JOBIM E SOUZA, Solange; KRAMER, Sonia (Orgs.). *Ciências Humanas e Pesquisa*: leituras de Mikhail Bakhtin. São Paulo: Cortez, 2003. p. 77-94.

_____; LOPES, Ana Elizabeth. *Fotografar e narrar*: a produção do conhecimento no contexto da escola. Cadernos de Pesquisa, n. 116, jul. 2002, p. 61-80.

_____. *Infância e linguagem*: Bakhtin, Vygotsky e Benjamin. 6. ed. Campinas: Papirus, 2001.

JOSGRILBERG, Fábio B. *Cotidiano e invenção*: os espaços de Michel de Certeau. São Paulo: Escrituras, 2005.

JULIA, Dominique. A cultura escolar como objeto histórico. *Revista Brasileira de História da Educação*, Campinas, n. 1, p. 9-44, 2001.

KANT, Emanuel. *Pedagogía*. Madrid: Akal, 1991.

KRAMER, Sonia (Org.). *Retratos de um desafio*: crianças e adultos na Educação Infantil. São Paulo: Ática, 2009.

_____. Crianças e adultos em diferentes contextos — Desafios de um percurso de pesquisa sobre infância, cultura e formação. In: SARMENTO, Manuel; GOUVEA, Maria Cristina S. (Orgs.). *Estudos da infância*: educação e práticas sociais. Petrópolis: Vozes, 2008a. p. 163-189.

_____. *Educação Infantil e Formação de Profissionais no Estado do Rio de Janeiro: concepções e ações*. Projeto de pesquisa com apoio da FAPERJ e do CNPq. 2008b.

_____. A infância e sua singularidade. In: BRASIL, Ministério da Educação. *Ensino Fundamental de nove anos*: orientações para a inclusão da criança de seis anos de idade. Organização do documento: Jeanete Beauchamp, Sandra Denise Pagel, Aricélia Ribeiro do Nascimento. Brasília: FNDE, Estação Gráfica, 2007. p. 13-23.

_____. *Crianças e adultos em diferentes contextos*: a infância, a cultura contemporânea e a educação. Projeto de Pesquisa para o CNPq. Pontifícia Universidade Católica do Rio de Janeiro, 2004.

KRAMER, Sonia (Org.). *Por entre as pedras*: arma e sonho na escola. 3. ed. São Paulo: Ática, 2003.

_____. Autoria e autorização: questões éticas na pesquisa com crianças. *Cadernos de Pesquisa*, n. 116, p. 41-59, 2002.

LA SALLE, João Baptista. *Conduites des écoles chrétiennes*. Introduction et notes comparatives avec l'edition princeps de 1720. Procure générale, 1951.

LELIS, Isabel. *O significado da experiência escolar para segmentos das camadas médias. Cadernos de Pesquisa*, v. 35, n. 125, p. 137-160, maio/ago. 2005.

LEONTIEV, Alexis. Artigo de Introdução sobre o trabalho criativo de L. S. Vigotski. In: VIGOTSKI. L. S. *Teoria e método em psicologia*. São Paulo: Martins Fontes, 1996. p. 425-470.

LOURO, Guacira Lopes. Sexualidade: lições da escola. In: MEYER, D. E. E. (Org.). *Saúde e sexualidade na escola*. Porto Alegre: Mediação, 1998. (Cadernos Educação Básica; 4, p. 85-95.)

_____. *Gênero, sexualidade e educação*. Petrópolis: Vozes, 1997.

MAUSS, Marcel. *Sociologia e antropologia*. São Paulo: EPU, 1974. 326p.

MEYER, Dagmar Elisabeth Estermann; RIBEIRO, Cláudia; RIBEIRO, Paulo Rennes Marçal. Gênero, sexualidade e educação: olhares sobre algumas das perspectivas teórico metodológicas que instituem um novo G. E. In: ANPED, 27., *Anais...* 2004, não paginado, Caxambu. Disponível em: <http://189.1.169.50/reunioes/27/diversos/te_dagmar_meyer.pdf>. Acesso em: 5 out. 2009.

MOLON, Susana Inês. *Subjetividade e constituição do sujeito em Vygotsky*. Petrópolis: Vozes, 2003.

MONTANDON, Cléopâtre. Sociologia da infância: balanço dos trabalhos em língua inglesa. *Cadernos de Pesquisa*, n. 112, p. 33-60, mar. 2001.

MOREIRA, Antônio Flávio; CANDAU, Vera Maria. Currículo, conhecimento e cultura. In: BRASIL, Ministério da Educação. Secretaria de Educação Básica. *Indagações sobre currículo*: currículo, conhecimento e cultura/organização do documento: Jeanete Beauchamp, Sandra Denise Pagel, Aricélia Ribeiro do Nascimento. Brasília, 2007. p. 17-46.

_____ (Orgs.). *Territórios Contestados*: o currículo e os novos mapas políticos e culturais. Petrópolis: Vozes, 1995. p. 82-113.

MOSS, Peter. What future for the relationship between Early Childhood Education and Care and Compulsory Schooling? *Research in Comparative & International Education*, v. 3, n. 3, 2008. <www.wwwords.co.uk/RCIE>.

MOTTA, Flávia Miller Naethe. *As crianças e o exercício das práticas de autoridade*. Dissertação (Mestrado) — Dissertação apresentada ao Programa de Pós-Graduação em Educação da PUC-Rio, 2007.

_____. *O discurso da criança na prática pedagógica*: um estudo exploratório sobre a "roda de conversa". Monografia apresentada ao Curso de Pós-Graduação em Educação Infantil da PUC-Rio, 2004.

MULLER, Fernanda. *Entrevista com Willian Corsaro. Educ. Soc.*, v. 28, n. 98, p. 271-278, 2007.

PÉREZ GÓMEZ, Alberto I. *A cultura escolar na sociedade neoliberal*. Porto Alegre: Artmed, 2001.

PINO, Angel. *As marcas do humano*: às origens da constituição cultural da criança na perspectiva de Lev S. Vigotski. São Paulo: Cortez, 2005a.

_____. *Cultura e desenvolvimento humano*. Coleção memória da pedagogia, n. 2, p. 14-21. Rio de Janeiro/São Paulo: Segmento-Duetto, Ediouro, 2005b.

_____. A psicologia concreta de Vigotski: implicações para a educação. In PLACCO, Vera Maria Nigro de Souza (Org.). *Psicologia & Educação*: revendo contribuições. São Paulo: Educ, 2000a, p. 33-62.

_____. O social e o cultural na obra de Vigotski. *Educ. Soc.*, Campinas, v. 21, n. 71, p. 45-78 , 2000b.

_____. *Constituição e modos de significação do sujeito no contexto da pré-escola*. Trabalho apresentado na VI reunião da ANPEPP em Maio de 1996. Disponível em: <http://www.infocien.org/Interface/Colets/v01n04a03.pdf>. Acesso em: 21 set. 2009.

_____. *Processos de significação e constituição do sujeito*. Temas de Psicologia, Ribeirão Preto, Sociedade Brasileira de Psicologia, n. 1, p. 17-24, 1993.

POGREBINSCHI, Thamy. Foucault, para além do poder disciplinar e do biopoder. *Lua Nova*, São Paulo, n. 63, 2004.

PROUT, Alan. *Reconsiderar a nova sociologia da infância*. Braga: Universidade do Minho; Instituto de Estudos da Criança, 2004. (Mimeo.)

ROCHA, Eloisa Alcires Candal. A pedagogia e a Educação Infantil. *Revista Brasileira de Educação*, n. 16, p. 27-34, jan./fev./mar./abr. 2001.

SACRISTÁN, José Gimeno. *O aluno como invenção*. Porto Alegre: Artmed, 2005.

_____. *O currículo*: uma reflexão sobre a prática. 3. ed. Porto Alegre: Artmed, 2000.

_____. Currículo e Diversidade Cultural. In: SILVA, Tomaz Tadeu da; SARMENTO, Manuel; GOUVEA, Maria Cristina S. (Orgs.). *Estudos da infância*: educação e práticas sociais. Petrópolis: Vozes, 2008.

SARMENTO, Manuel. *Mapa de conceitos da sociologia da infância*. Revista Zero-a-Seis, produção eletrônica do Núcleo de Estudos e pesquisas da educação da pequena infância (NUCLEIN) da UFSC/CED. Número 14 — ago./dez. 2006.

_____. *Imaginários e culturas da infância*. Disponível em: <http://old.iec.uminho.pt/promato/textos/ImaCultInfancia.pdf>. Acesso em: 26 jul. 2006.

_____. Gerações e alteridade: interrogações a partir da sociologia da infância. *Educ. Soc.*, v. 26, n. 91, p. 361-378, maio/ago. 2005.

SAUSSURE, Ferdinand. *Curso de linguística geral*. 27. ed. São Paulo: Cultrix, 2006.

SIROTA, Régine. *Emergência de uma sociologia da infância*: evolução do objeto e do olhar. *Cadernos de Pesquisa*, n. 112, p. 7-31, mar. 2001.

SMOLKA, A. L.; DE GÓES, M. C.; PINO, A. A constituição do sujeito: uma questão recorrente? In: WERTSCH, James V. *Estudos socioculturais da mente*. Porto Alegre: ArtMed, 1998.

SOBRAL, Adail. O Ato "Responsível", ou Ato Ético, em Bakhtin, e a Centralidade do Agente. *Signum: Estud. Ling.*, Londrina, n. 11/1, p. 219-235, jul. 2008.

_____. Ato/atividade e evento. In: BRAIT, Beth. *Bakhtin*: conceitos-chave. São Paulo: Contexto, 2005, p. 11-36.

TERRA, Jaqueline. *Projeto de revitalização pedagógica da Educação Infantil*: uma ciranda de ação. Três Rios, s.d. (Mimeo.)

TEZZA, Cristóvão. *A construção das vozes no romance*. Texto apresentado no Colóquio Internacional "Dialogismo: cem anos de Bakhtin"; Departamento de Linguística da FFLCH/USP, novembro de 1995.

TRÊS RIOS. Deliberação n. 001/2007 CME/TR. Altera a deliberação 004/2003 CME/TR, que fixa as normas para a Educação Infantil no Sistema Municipal de Ensino do Município de Três Rios para atender a Lei n. 11.274, de 6 de fevereiro de 2006.

_____. DELIBERAÇÃO 001/09 CME-TR, de 20 de março de 2009 que altera a Grade Curricular do Ensino Fundamental diurno da Rede Municipal de Ensino de Três Rios, de 20 de março de 2009.

TURNER, Victor. *O processo ritual*: estrutura e antiestrutura. Petrópolis: Vozes, 1974.

VAN GENNEP, Arnold. *Os ritos de passagem*. Petrópolis: Vozes, 1978.

VEIGA-NETO, Alfredo. *Foucault e a educação*. Belo Horizonte: Autêntica, 2007.

_____. De geometrias, currículo e diferenças. *Educação & Sociedade*, v. 23, n. 79, p. 163-186, ago. 2002.

VIGOTSKI, Lev. Semenovich. *A construção do pensamento e da linguagem*. Tradução de Paulo Bezerra. São Paulo: Martins Fontes, 2001.

_____. Manuscrito de 1929. *Educação & Sociedade*, ano XXI, n. 71, jul. 2000a.

_____. *A formação social da mente*. 6. ed. São Paulo: Martins Fontes, 2000b.

_____. *Pensamento e linguagem*. São Paulo: Martins Fontes, 1998.

_____. Método de investigación. In: *Obras escogidas*. Madrid: Visor, 1997. p. 47-95.

_____. Concrete Human Psychology. *Soviet Psychology*, ano XXII, v. 2, p. 53-77, 1989.

VIÑAO FRAGO, Antonio. *El espacio y el tiempo escolares como objecto histórico*. Contemporaneidade e Educação (Temas de História da Educação), Rio de Janeiro, Instituto de Estudos da Cultura Escolar, ano 5, n. 7, 2000.

_____; ESCOLANO, Agustín. *Currículo, espaço e subjetividade*: a arquitetura como programa. Rio de Janeiro: DP&A, 1998.

_____. Historia de la educación e historia cultural. *Revista Brasileira de Educação*, São Paulo, n. 0, p. 63-82, set./dez. 1995.

VINCENT, Guy; LAHIRE, Bernard; THIN, Daniel. Sobre a história e a teoria da forma escolar. In: *Educação em Revista*, Belo Horizonte, n. 33, jun. 2001.

## LEIA TAMBÉM

▶ **BRINQUEDO E CULTURA**

coleção Questões da nossa época – vol. 20

### Gilles Brougère

8ª edição - 1ª reimp. (2013)
*120 páginas*
*ISBN 978-85-249-1648-9*

Esta obra trata de compreender a razão pela qual as sociedades industrializadas produzem brinquedos na profusão que o fazem. Com este objetivo, procura determinar a função social e o significado do brinquedo nos dias de hoje: para que serve um brinquedo e qual a mensagem que transmite? De que modo a criança se utiliza dos objetos que lhe são dados "para brincar"? A riqueza de significados das imagens e representações produzidas pelo brinquedo torna-se evidente no momento em que a criança entra em contato com ele: é a dinâmica desta relação que precisa ser estudada, quando queremos ter uma compreensão cultural do brinquedo.

## LEIA TAMBÉM

▶ **TEORIA E PRÁTICA
NA PESQUISA COM CRIANÇAS**
diálogos com William Corsaro

**Fernanda Müller e
Ana Maria Almeida Carvalho
(Orgs.)**

1ª edição (2009)
*216 páginas*
*ISBN 978-85-249-1514-7*

Este livro é o resultado de um diálogo instigante, que encontra pontos de convergência entre três áreas – sociologia da infância, psicologia e educação. Reflexões teóricas e metodológicas são desencadeadas e exploradas no esforço de aproveitar o máximo possível esse espaço de interdisplinaridade.

## LEIA TAMBÉM

▶ INFÂNCIA, EDUCAÇÃO E DIREITOS HUMANOS

Luiz Cavalieri Bazílio e Sônia Kramer (Orgs.)

4ª edição (2011)
*152 páginas*
*ISBN 978-85-249-1839-1*

Um livro significativo para todos os profissionais que, nos diferentes âmbitos sociais e educativos, das ações comunitárias às pesquisas acadêmicas e aos órgãos do Estado, se comprometem com a afirmação de uma cultura dos Direitos Humanos na nossa sociedade.

**GRÁFICA PAYM**
Tel. [11] 4392-3344
paym@graficapaym.com.br